REYES DEL ASFALTO

LA ÉPOCA DORADA DEL RUNNING EN ESTADOS UNIDOS

CAMERON STRACHER

TRADUCCIÓN DE DAVID PARADELA LÓPEZ

CONTRA

Kings of the Road

Dirección editorial: Didac Aparicio y Eduard Sancho
Traducción: David Paradela López

Diseño: Pablo Martín y Rafa Roses
Maquetación: Emma Camacho

Primera edición: Marzo de 2014

Psje. Fontanelles, 6, bajos 2ª
08017 Barcelona
contra@contraediciones.com
www.editorialcontra.com

ISBN: 978-84-942167-0-1
Depósito Legal: B. 2943-2014
Impreso en España por Liberdúplex

Para el Dr. Robert J. Kim y el Dr. Richard Lange,
por hacerme seguir corriendo

¿De dónde proviene la fuerza
para llegar hasta el final de la carrera?
Del interior.

Eric Liddell, *Carros de fuego*

PRÓLOGO

LOS QUE PLANTARON LA SEMILLA

Como Raymond Chandler, Dashiell Hammett, Jim Thompson o Chester Himes extrajeron el crimen —la novela de detectives— del jarrón veneciano y los salones victorianos con alfombras persas y lo depositaron en el callejón oscuro de los barrios bajos, del mismo modo Bill Rodgers, Frank Shorter y Alberto Salazar agarraron al atletismo, lo sacaron de las pistas de tartán o ceniza y de los clubs aristocráticos que cultivaban el espíritu amateur como una religión revelada, y lo sacaron a la calle, al asfalto, a la masa, que convirtió la carrera a pie, el *running*, en otra religión, pero una religión popular nacida, a mediados de los años 70, de los fieles, no de los sacerdotes.

Chandler escribió: «Hammett devolvió el asesinato a aquellos que lo cometen por algún motivo, no solo para proporcionar un cadáver; y con los medios de que disponían, no con pistolas de duelo cinceladas a mano, curare y peces tropicales».

Como no sabemos si Rodgers, Shorter o Salazar, o los personajes que les rodeaban en los años 70, en plena revolución —los Tommy Leonard de la vida—, leían novela negra, tampoco podemos colegir que se identifiquen con la comparación, pero seguramente no les disgustaría, porque la imagen de unos rompedores para los que no existió pasado es la que, justamente, se forma el lector, el aficionado al atletismo y el atleta aficionado por encima de todos después de leer sus vidas y peripecias en este libro que tan bien ha escrito Cameron Stracher, que, aun siéndolo también, no es una crónica atlética, sino el retrato de una sociedad y de una década de depresión y revuelta en Estados Unidos, en los años 70 del pasado siglo, cuando terminó el sueño hippie y California, la guerra de Vietnam acabó en derrota, Nixon en mentira y los Ramones y los Clash armonizaban la banda sonora bronca. De aquello que se cocía por debajo de la superficie de la mentira, de aquellos años, a España llegaba poco o nada. España era en atletismo Mariano Haro, un grande que corría muy deprisa (menos de 28 minutos en los 10.000 metros) con una camiseta sin mangas de talla extragrande con la leyenda «Educación y Descanso». Era el hombre del cross, del barro y de los 10.000 metros (cuarto en los Juegos de Múnich, por delante de Shorter, que calentaba para su maratón), distancias que alimentaba entrenando y corriendo sin cesar por los barbechos de Tierra de Campos —vestido de cazador con escopeta y todo— en persecución de esquivas liebres.

Si hubiera nacido en Boston o entrenado en Oregón, en vez de en Becerril de Campos (Palencia), Haro sería ahora mismo un icono global, y no solo el recuerdo en la memoria de algunos iluminados, y quizá hasta habría tenido su hueco en este libro dedicado a los llamados «reyes del asfalto» —Rodgers, Shorter y Salazar—, cuyos duelos en las maratones de Boston, y sobre todo en la carrera de Falmouth, dieron lugar a una verdadera revolución cultural, al nacimiento del atletismo de masas, a que millones de estadounidenses con pintas famélicas se compraran zapatillas y expulsaran de los parques de las ciudades a prostitutas y camellos con enérgicas zancadas y grandes dosis del nuevo LSD (*long slow distance*: distancia larga y lenta), siguiendo las fórmulas de la nueva biblia, *The Complete Book of Running*, el libro de James Fixx, un hábil premonitor de la *new age*, del que se vendieron millones de copias. Si España no hubiera sido en aquellos primeros años 70 del último franquismo aún un páramo cultural y económico, aislado del mundo, quizá la misma revolución maratoniana que explotó veinte años más tarde, cuando los tiempos de Abel Antón y Martín Fiz, se hubiera producido entonces.

Sin embargo, Estados Unidos, su atletismo de fondo, de carretera, su cross, no era aparentemente mucho más que eso antes de que en 1972 un tipo huesudo y con mostacho, un hijo de la pequeña burguesía neoyorquina, estudiante de Yale y todo, llamado Frank Shorter se escapara de todos sus competidores olímpicos en los caminos laberínticos del Jardín Inglés de Múnich y llegara en solitario al estadio que, aún tocado por la tragedia del asalto palestino al equipo israelí, le aclamaría como el primer estadounidense campeón olímpico de la maratón desde 1908. En un pequeño bar de Boston —una especie de Cheers al que acuden todas las noches los miembros de un club de atletismo cercano a tomar cervezas y a hablar y hablar de atletismo—, Tommy Leonard, el dueño del chiringuito y amante loco del atletismo más loco se emociona y se inspira ante la pantalla del televisor. En su cabeza bullen las ideas y el deseo de llevarlas a la práctica. De su cabeza nace al año siguiente la Falmouth Road Race, una carrera imposible: siete millas entre un bar y otro a mediados de agosto en un pequeño pueblo de la costa, cerca del cabo Cod, donde veranean los bostonianos, que tal como lo describe el autor, con su faro, su escarpada costa, sus carreteras estrechas, podría ser perfectamente el pueblo en el que Hitchcock filmó sus *Pájaros*. En esa carrera tan improbable, y, por lo tanto, tan triunfante —aún se celebra y cada año convoca a 12.000 aficionados, además de a algunas decenas de buenos profesionales—, tan desternillante —el propio Leonard recibía al ganador en la línea de meta con una pinta de cerveza de regalo en la mano—, nació el mito. El mito no era Shorter —el segundo de once hermanos al que su padre azotaba con el cinturón sin motivo aparente en arrebatos de locura, igual que abusaba de sus hermanas, y quien, para huir de ello, para generar química positiva y liberadora en su cerebro, empezó a correr hasta convertirse en el mejor—, el mito se llamaba Bill Rodgers y era el preferido no solo porque vivía y corría en un club de Boston y se entrenaba en sus calles heladas en invierno, y no en Colorado, donde se había refugiado Shorter, sino por su historia, por su aura y su melenita rubia.

Unos años antes, Rodgers se había declarado objetor de conciencia para no combatir en Vietnam y vivía prácticamente del aire. Era un personaje perdido, sacado directamente de *Easy Rider*, con su moto, su vagar por la carretera, pero con un talento único, genético, para correr incansablemente.

De sus zancadas, de sus duelos con Shorter en las carreteras de Falmouth, nació todo. Eran los años antes de Nike, cuando lo que molaba de verdad eran las zapatillas japonesas Tiger Onitsuka (Phil Knight, el fundador de Nike, comenzó su carrera comercial distribuyendo las Tiger en Estados Unidos, antes de empezar a fabricar él su producto y popularizarlo multitudinariamente gracias, entre otras cosas, a Steve Prefontaine, un mediofondista con gran bigote y aires de estrella del rock que murió joven en un accidente de coche); eran los años de antes del dinero, cuando para convencer a Shorter de que participara en Falmouth por primera vez en 1975 tuvieron que regalarle un televisor; eran los años en los que la vieja maratón de Boston la corrían solo unas decenas de aficionados y la recién nacida maratón de Nueva York no era más que una carrera semiclandestina y aburrida que consistía en dar vueltas y más vueltas alrededor de un deprimente y frío Central Park. Pero la semilla del cambio ya estaba plantada; la semilla del cambio y de la autodestrucción, finalmente.

Shorter fue derrotado en la maratón de los Juegos de Montreal por un alemán del Este, Waldemar Cierpinski, de quien luego se supo que corrió dopado. Cuatro años más tarde, el boicot estadounidense a los Juegos de Moscú por la invasión soviética de Afganistán le privó de despedirse a lo grande de una carrera acortada por las lesiones. Antes de terminar la década, Rodgers ganó cuatro maratones de Boston, logró bajar de 2:10 y ganó otras tantas en Nueva York, comenzando por la de 1976, la primera que partía de Staten Island y del puente de Verrazano para recorrer los cinco burgos de la ciudad y terminar en Central Park, como lo hace en la actualidad. Y también vio crecer a su sombra al prodigio de Alberto Salazar, que se entrenaba en la misma pista que él alimentado por el miedo a su padre, emigrante cubano de la primera hornada, católico, anticomunista, anticastrista y combatiente en el lado norteamericano en Bahía de Cochinos, y el deseo de ganarse su aprecio.

A Salazar no le habría importado morir corriendo, y un par de veces se salvó casi milagrosamente de la muerte, en Falmouth y en Boston, después de exigir a su cuerpo más de lo que este estaba preparado para darle. Para él, el exceso era la virtud, y los entrenamientos exagerados el mejor régimen de vida. Corriendo, quemó su juventud. A los veintidós años ganó su primera maratón de Nueva York, en 1980; a los veinticuatro, en 1982, la tercera y última (y ese año ganó también su «duelo al sol» en la maratón de Boston, durante la que fue capaz de no beber ni una gota de agua: acabó enganchado a una aguja que por vía intravenosa introdujo en su cuerpo seis litros de suero salino para devolverlo a la vida). A los veintiséis años, en 1984, ya era un hombre acabado para el atletismo y víctima de negras depresiones. Ahora, en estos últimos años, Salazar, el más borde de los tres, según la narración de Stracher, ha vuelto a revivir intentando resucitar en Eugene (Oregón), en los bosques que no se cansó de recorrer, el espíritu de los 70, el ambiente de un club de atletismo, la base de su revolución. Es Salazar como entrenador tan duro con sus atletas como lo era consigo mismo, y de ellos —de Galen Rupp, de la casi niña Mary Cain, de Mo Farah— está obteniendo extraordinario rendimiento.

Después de Salazar, la nada: el atletismo de fondo y de carretera dejó de tener valor en Estados Unidos. El mismo profesionalismo por el que pelearon los tres pioneros —el derecho a ganarse la vida corriendo, igual que organizadores y vendedores de zapatillas se la ganaban a sus expensas— acabó con su razón de ser. Cuando llegó el dinero a las maratones, llegaron los atletas africanos, kenianos y etíopes; corredores naturales y únicos que desembarcaron en el país para llevarse todas las victorias. Y esta es la razón principal de la existencia y del valor de este libro, el relato de cómo aquello que los hizo grandes a los tres —el éxito de la revolución del atletismo que llevaron a cabo— acabó justamente con ellos, con los tres reyes del asfalto: Frank Shorter, Bill Rodgers, Alberto Salazar.

Carlos Arribas
Madrid, febrero de 2014.

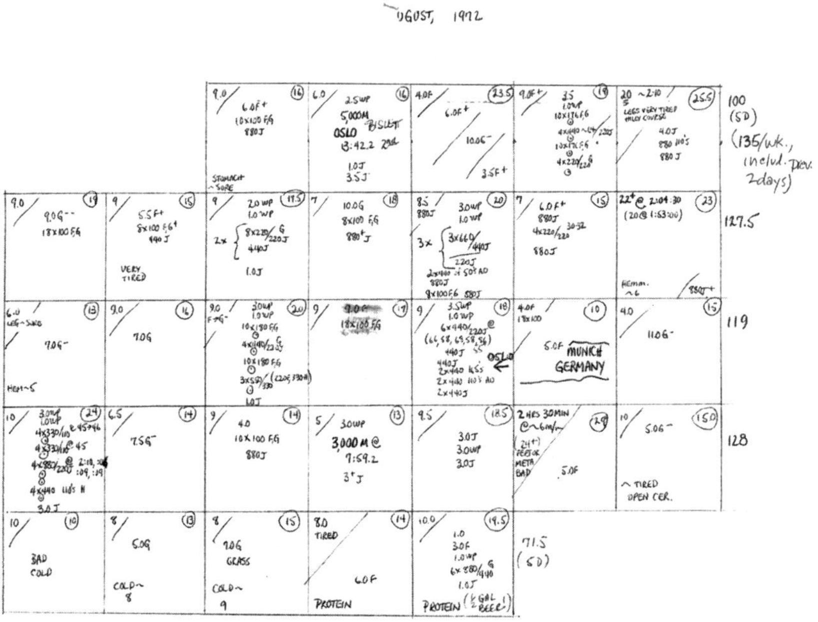

Diario donde Jack Bacheler deja constancia de sus entrenamientos con Frank Shorter durante el mes anterior a los Juegos Olímpicos de Múnich.

Cortesía de Jack Bacheler

INTRODUCCIÓN

Correr no es cuestión de velocidad, sino de resolución, porfía, firmeza, tesón y entusiasmo. Cualquier necio puede echarse a correr hasta caer desplomado, pero continuar cuando todos los nervios del cuerpo imploran la tregua, vencer al cansancio, la extenuación y el desaliento, ignorar la razón y abrazar lo descabellado: he ahí la verdadera grandeza, he ahí la impronta del campeón.

Durante el decenio de 1972 a 1982, tres estadounidenses se convirtieron en campeones del mundo de atletismo de larga distancia. Aunque provenían del anonimato, lograron hacerse un lugar en el corazón y la conciencia del país. Sus victorias eran celebradas en las primeras páginas de los periódicos, divulgadas en las cubiertas de las revistas y pregonadas por los comentaristas televisivos. Sus nombres se convirtieron en familiares y sus hazañas fueron acicate para que millones de personas siguieran sus pasos. Gracias a ellos, el atletismo vivió un *boom* y nació una industria multimillonaria.

Frank Shorter, Bill Rodgers y Alberto Salazar no se propusieron en ningún momento convertirse en los héroes de una generación harta de la guerra y el malestar; su deseo consistía, pura y simplemente, en llegar a ser los mejores del mundo. Superaron las barreras que otros habían erigido y se demostraron a sí mismos que poseían la fuerza, la voluntad y la velocidad necesarias para triunfar. Y no lo hicieron por la fama o el dinero —los reglamentos de aficionados de la época les prohibían ganar un solo centavo—, sino por puro amor al deporte.

Shorter fue el pionero. Hijo de un médico de Connecticut, colgó los libros de medicina para perseguir su sueño. Había estudiado en Yale y había crecido rodeado de las comodidades propias de la clase media-alta, pero albergaba un oscuro secreto familiar que lo empujaba a correr más rápido y más lejos en un vano esfuerzo por deshacerse de él. Corredor autodidacta, experimentó entrenándose en altura y en pista, corriendo a intervalos de cuatrocientos metros con la precisión de un millista. Demostró su firme lealtad a amigos como Steve Prefontaine, pero también supo ser distante y reservado, y no se abstuvo de hacerles la guerra psicológica a sus rivales antes o durante las competiciones. Su éxito en los Juegos Olímpicos de Múnich marcaría el camino a seguir para todos los que vendrían tras él.

Bill Rodgers tenía su misma edad. Tras licenciarse en la Universidad Wesleyana, durante los últimos años de la guerra de Vietnam, vagó sin rumbo con su motocicleta y un paquete de cigarrillos. Objetor de conciencia, volvió al atletismo porque era lo único que echaba de menos de aquellos días oscuros y vacíos. Sobrevivió a base de cupones de alimentos, y cuando el frío invierno de Boston le impedía correr al aire libre, se entrenaba dando cientos de vueltas a una vieja pista de madera. En el Greater Boston Track Club encontró compañeros y un hogar, y con ellos se forjó una vida que saltaría a la luz pública un lunes de abril.

Alberto Salazar era «el Rookie», un chico prodigio que empezó a entrenarse con Rodgers siendo aún un torpe alfeñique de dieciséis años. Su padre había luchado junto a Fidel Castro y el Che Guevara en la revolución cubana, pero había huido a Estados Unidos al ver que Castro pretendía convertir Cuba en una república atea. El muchacho heredó el carácter impetuoso de su padre y empezó a correr tanto para complacerlo como para escapar de él. Nada podía detenerlo: ni la fatiga ni el calor ni la muerte. Estaba decidido a conseguir el récord del mundo… antes de cumplir los veintidós.

Los tres descubrieron su talento de manera poco menos que accidental, y los tres se abrieron paso por una senda carente de señales claras. Por entonces no había programas estatales destinados a desarrollar su potencial, ni nutricionistas o entrenadores que corrigieran sus vicios, ni intereses corporativos con los que financiar sus entrenamientos. Corrían porque no podían hacer otra cosa, y al hacerlo transformaron el panorama deportivo del país y dominaron el mundo durante casi una década.

Después de ellos, ningún estadounidense ha igualado sus logros; Joan Benoit Samuelson fue la única que alcanzó (más o menos hacia la misma época) una fama y un reconocimiento semejantes. Es más, desde aquel periodo de gloria, ningún corredor estadounidense (a excepción de Samuelson en 1984 y Bruce Bickford en 1985) ha ganado una medalla de oro en ninguna competición olímpica ni ha sido campeón del mundo en distancias superiores a los cuatrocientos metros.

¿Sería el aire que respiraban? ¿El agua que bebían? ¿Acaso un duende mágico había convertido aquel país de hippies fumadores de grifa en una nación de corredores de pies ligeros? De un día para otro, los muchachos flacos se pusieron de moda y LSD pasó a significar *long slow distance* (distancia larga y lenta). Hombres hechos y derechos salían al asfalto equipados con mallas y guantes a vérselas con el tráfico por un pedazo de arcén. Los símbolos de las marcas deportivas se convirtieron en emblemas tribales, y los geles y suplementos vitamínicos entraron a formar parte del desayuno.

Con todo, sus hazañas podrían haber quedado sumidas en el olvido, relegadas a los márgenes de alguna revista de deportes extravagantes, de no ser por una cosa: se tenían los unos a los otros. Durante aquella década ominosa, los logros de unos iluminaron la figura de los otros. Shorter, Rodgers, Salazar. El pionero, el popularizador, el usurpador. Su rivalidad los animó a entrenarse con más ahínco, a correr más rápido, a elaborar mejores estrategias. Por separado, se habrían limitado a ganar carreras; juntos, lo cambiaron todo.

Saltaron a la palestra gracias a la maratón y se distinguieron gracias a la pista, pero sería en el asfalto, en distancias inferiores a la maratón, donde más honda sería su impronta. Las carreras en asfalto fueron el principal escaparate de su prolífico talento. La pista requería una especialización excesiva, y la maratón infundía demasiado respeto, pero las carreras en asfalto cumplían los requisitos necesarios para ser del gusto de cualquiera. En ellas, el novato desentrenado podía colocarse junto a un campeón del mundo y esperar a su lado a que sonara el pistoletazo de salida; uno podía correr ocho kilómetros un sábado por la mañana y, aun así, tener tiempo de sobra para desayunar y echar la siesta. Eran actos populares liderados por atletas de nivel internacional, el lugar ideal para un pueblo más interesado en la superación personal que en la revolución que lo había engendrado. Por lo demás, en un mundo cada vez más complejo y confuso, correr equivalía a implicarse en una causa que trascendía a uno mismo: la carrera como una hazaña colectiva en la que cualquiera puede ser un «campeón». Shorter, Rodgers y Salazar allanaron el camino y mil carreras florecieron a su paso.

De todas las que surgieron en esa década, cabe destacar una. Una carrera para dominarlas a todas. Empezó siendo una pequeña escapada de entresemana a una población anónima del cabo Cod y una buena excusa para ir de bares, pero acabó convirtiéndose en un evento deportivo de ámbito internacional al que acudían los mejores corredores. Se convirtió en el lugar donde todo aquel que aspiraba a ser alguien iba a ponerse a prueba, y en poco tiempo se labró una reputación como la mejor carrera de asfalto de Estados Unidos. Durante diez años, Shorter, Rodgers y Salazar fueron sus amos y señores: la ganaron siete veces, batieron siete récords e hicieron de esa ciudad su hogar.

La carrera de Falmouth fue la metáfora perfecta del *boom* del atletismo de fondo. Nació con Shorter, creció con Rodgers y alcanzó su apogeo con Salazar. Fue también la primera, última y única carrera en que los tres compitieron cara a cara. La historia de Falmouth es la historia de la edad de oro del atletismo, de su auge y desarrollo, un reflejo del idilio que Estados Unidos vivió con este deporte. Al mismo tiempo, narra la historia de un país durante el periodo que marca el fin de una época y el principio de la siguiente. En lo más hondo de la crisis espiritual y económica, empezaba a cocerse el renacer de las ciudades, las artes, los negocios y las finanzas. Correr era tanto el síntoma de una desesperación sisifeana como el antídoto contra el descontento y el sopor. Un pie delante del otro, una actividad sin sentido y, no obstante, de lo más profunda. En Falmouth era el lugar donde los corredores tomaban la medida de su convicción, y ahí volvían para competir contra los demás y contra sí mismos.

De modo, pues, que esta historia empieza y acaba en Falmouth. La abordaremos, no obstante, por el medio, en 1978, el año en que un joven audaz intentó desbancar a su maestro y a punto estuvo de morir en el intento.

Bill Rodgers y Alberto Salazar, mano a mano frente a la playa durante la carrera de Falmouth de 1978.
Cortesía de Charlie Rodgers

1

DÚO AL SOL (1978)

Jamás conocí a ningún corredor que no creyera que podía correr más rápido.

RUDY CHAPA

El letrero escrito a mano estaba pegado a la pared de encima de la cama como recordatorio del fracaso y exhortación contra la derrota: «Nunca volverás a morder el polvo». Tras el desastroso sexto lugar en la final de los 10.000 metros de la NCAA, había jurado que nadie volvería a ganarle, ni en entrenamientos ni en carrera. Ya no era «el Rookie», aquel chico flacucho del instituto Wayland que se entrenaba con los mayores del Greater Boston Track Club en la pista del Boston College. Alberto Salazar acababa de terminar el segundo curso en la Universidad de Oregón en busca de la promesa del potencial demostrado en sus años de instituto. Su complexión se había fortalecido y en sus brazos se marcaban ahora los bíceps y los tríceps. Era alto, bien parecido, de piel aceitunada, con abundante vello en el pecho y una espesa cabellera. Hijo de cubanos emigrados —su familia había huido a Estados Unidos cuando él tenía dos años—, era un chico prodigio que se distinguía tanto por su velocidad como por su ética de trabajo y su feroz espíritu competitivo.

Salazar llevaba más de siete kilómetros corriendo tras su mentor y antiguo compañero de equipo, Bill Rodgers. Rodgers era el campeón del pueblo, el rostro visible de las carreras de larga distancia en el país. Sus seguidores, apostados a lo largo del recorrido, coreaban el nombre de «Boston Billy» para animarlo. Frank Shorter había ganado una medalla olímpica, pero Rodgers era, por así decir, quien ahora llevaba la antorcha. Si Shorter era el pasado, Rodgers era el presente. Alberto Salazar, no obstante, era el futuro.

Salazar avanzó hasta la altura de Rodgers. El sol caía a plomo sobre ambos corredores. La temperatura era de unos engañosos 25,5 grados, y la humedad, del setenta por ciento. Habían recorrido la última milla en línea recta, siguiendo la playa, a un paso de 4:30, y ahora el calor les pasaba factura. Ambos estaban empapados en sudor, la camiseta se les pegaba al pecho, y los pantalones de nailon les rozaban los muslos. Cuando podían, se echaban agua encima, pero poco podían hacer contra la humedad. El denso aire del océano no dejaba que nada se evaporase. No había alivio posible; solo la carretera.

Salazar se volvió hacia Rodgers y le preguntó si quería que marcara él el paso. Era un viejo truco para desmoralizar a los rivales: hacerles creer que uno está tan fresco que con mucho gusto marcará el ritmo. Funcionó. «Adelante, todo tuyo», respondió Rodgers.

Alberto Salazar pisó a fondo para tomar la delantera. El *boom* del atletismo de fondo vivía su momento de máximo apogeo. «El futuro es ahora», pensaba.

La mañana del 21 de agosto de 1978, cuatro mil corredores inundaron las calles de Woods Hole, Massachusetts, con ocasión de la sexta carrera anual de Falmouth. La carrera —que recorría las siete millas (11,2 kilómetros) que distan entre el bar Captain Kidd y la taberna Brothers Four de Falmouth Heights— era idea de Tommy Leonard, camarero del Brothers Four, y su popularidad era tal que las cuatro mil plazas disponibles se habían agotado diecinueve días después de la apertura de las inscripciones, sin contar a las seiscientas personas que corrían de forma extraoficial. El listado de los corredores inscritos parecía un catálogo de las estrellas del atletismo estadounidense: trece cuatrominuteros, dieciséis campeones de la NCAA (National Collegiate Athletic Association) o la AAU

(American Athletic Union) y nueve fondistas olímpicos. Entre ellos estaban Garry Bjorklund, finalista de los 10.000 metros en las olimpiadas; Mike Roche, ganador de la Peachtree y corredor de obstáculos olímpico; Craig Virgin, campeón de los 10.000 metros de la AAU, recién llegado de Bruselas, y Alberto Salazar, segundo clasificado el año anterior. En cuanto a las mujeres, Kim Merritt, poseedora del récord de la carrera, volvía para defender su título frente a Gayle Barron, ganadora de la maratón de Boston, Martha White, plusmarquista de los 10.000 metros en asfalto, y Joan Benoit, ganadora de la carrera en 1976, durante su segundo año de estudiante en el Bowdoin College.

Encabezando la lista, se encontraba Bill Rodgers. Rodgers venía de encadenar sendas victorias en las maratones de Nueva York, Boston y Fukuoka, en Japón, lo que lo convertía en el único corredor de todos los tiempos en posesión de los tres títulos a la vez. Además, ostentaba los récords de Boston y Nueva York, así como el de Falmouth. Aunque la distancia de Falmouth parecía favorecer a los corredores de 10.000 metros (unas 6,2 millas), nadie subestimaba a Boston Billy. En asfalto, Rodgers era capaz de imprimir un ritmo demoledor, acelerando en las bajadas hasta romper a sus oponentes. El único modo de vencerlo, al decir de la gente, consistía en pegarse a él y ganarle por velocidad. Los esprints eran su punto más vulnerable. Su mejor tiempo en la milla era de solo 4:18, una marca al alcance incluso de un buen corredor de instituto. Claro que Rodgers no estaba dispuesto a dejar que nadie se le acercara lo suficiente para eso.

A las siete de la mañana, el aire ya estaba cargado de una humedad que la ligera brisa del océano apenas mitigaba. La bocina de un ferry resonaba en la distancia. Faltaban todavía varias horas para el inicio de la carrera, pero Woods Hole parecía ya una ciudad a punto para una invasión extranjera. Las vallas rojas flanqueaban Water Street desde la oficina de correos hasta el acuario. Los baños portátiles, agrupados en hileras de diez y de veinte, ocupaban el aparcamiento del Laboratorio de Biología Marina, el edificio Swope y

Church Street. Los conos de tráfico delimitaban las zonas de salida, y un coche patrulla con las luces encendidas cerraba el paso hacia el puente levadizo.

En la cresta de la primera loma, donde Water Street confluye con la ruta 28 y los coches con destino a Martha's Vineyard se desvían hacia la Autoridad Portuaria, un grupo de voluntarios vestidos con las vistosas camisetas de la organización discutía con la policía local la estrategia a seguir. El ayuntamiento de Falmouth había obligado a los organizadores a limitar el número de participantes de ese año debido al estrecho espacio de la salida y la acumulación de corredores en la meta. Pero lo que preocupaba a los organizadores eran los «bandidos», los corredores sin inscripción que se unían al pelotón una vez empezada la carrera, de ahí las vallas. Las vallas solucionaban el problema solo en parte, porque no podían colocarse a lo largo de todo el recorrido. Y efectivamente, pasada la biblioteca, donde terminaba el vallado, ya había varios corredores sin dorsal haciendo estiramientos.

Otro de los problemas era la línea de meta. Para evitar aglomeraciones, ese año se había situado casi doscientos metros más abajo, frente a una amplia extensión de césped. La idea era alargar el túnel de llegada para evitar embotellamientos que pudieran afectar a la carrera. Además, registrar los tiempos de cuatro mil corredores era una pesadilla logística. En tiempos anteriores a los ordenadores, los códigos de barras y los aparatos de radiofrecuencia, había que relacionar los dorsales de los participantes con un listado electrónico de sus nombres al cruzar la línea de meta. Solo con que se perdiera la cuenta de un corredor, la clasificación se iba al traste. En previsión de ello, según un periódico local, un voluntario equipado con un artilugio de última generación conocido como «grabadora de casete» se colocaba «al final del recorrido para ir dictando los números de los corredores en la cinta».

La planificación y ejecución de un evento con miles de participantes y decenas de miles de espectadores entrañaba otros muchos problemas de mayor o menor entidad. Por aquel entonces, había pocas carreras más concurridas que la de Falmouth —con menos corredores que la Peachtree, pero más que la maratón de Boston—, y, a excepción de la zona de meta, el recorrido no tenía más que un par de carriles de ancho.

Con todo, el mayor problema al que se enfrentaba la organización era el calor. Cuenta la leyenda que el primer «maratonista» —el mensajero griego Filípides— corrió de Maratón a Atenas para anunciar la victoria de los atenienses sobre los persas en la batalla de Maratón. Nada más dar la noticia, cayó al suelo sin vida. Falmouth no era como la rocosa Grecia chamuscada por el sol, pero la carrera empezaba más tarde de lo habitual y el día era inusualmente bochornoso, lo que mermaba la capacidad del cuerpo para refrescarse.

Si para Salazar el calor no era motivo de preocupación, debería haberlo sido. La carrera empezó a las diez en punto de la mañana del mes más cálido en el cabo Cod. Los corredores más lentos no terminarían hasta mediodía. El doctor Arthur Robinson, director médico de la carrera, había expresado su inquietud ante el periódico local. Su hija, Nancy, había sido una de las estrellas del equipo de pista del instituto Falmouth y era la novia de Salazar. La pareja se había conocido en época de instituto, cuando participaban en el circuito de pista de Massachusetts. Todo el mundo conocía al chico prodigio de Wayland, con sus ojos oscuros y su aura invencible. ¿Qué era un poco de calor para un fenómeno como él? Algo que se generaba, se disipaba en ondas sobre sus hombros morenos y turbaba a las muchachas (y las madres) situadas en el lateral.

Hacia las 7.30 empezaron a llegar autobuses. Falmouth era una carrera abierta a los aficionados, como las maratones de Boston y Nueva York, pero en Woods Hole no había espacio para cuatro mil coches. Para solucionarlo, la organización había cerrado la ruta 28 y facilitaba transporte gratuito hasta la salida. Los autobuses dejaban a los corredores al principio de School Street; desde ahí, los participantes, a excepción de la élite y la subélite, tenían que caminar unos ochocientos metros rodeando el lago Eel hasta la línea de salida. La droguería y la tienda de comestibles todavía estaban abiertas, pero a eso de las 8.30 ya se hacía difícil entrar en la segunda, y la primera estaba atestada de corredores en busca de productos de última hora, como vaselina (para evitar roces) y tiritas (para evitar que los pezones de los hombres sangrasen). El olor a crema analgésica con la que varios corredores se frotaban sin reparos caderas y pantorrillas impregnaba el aire. Los vecinos del lugar se abrían paso como podían entre la multitud para comprar el *Boston Globe* y el *New York Times*. Una pareja refunfuñaba a propósito del gentío y el olor, pero la mayoría conocía a algún participante, había corrido en el pasado o sencillamente disfrutaba con el espectáculo.

Era difícil no sentirse inspirado ante la imagen de miles de cuerpos fuertes, saludables y atléticos: piernas musculadas, abdómenes planos, brazos tersos. Hombres y mujeres se quedaban en pantalón corto y camiseta de tirantes, con ropa y zapatillas de correr de las marcas Dolfin, Tiger y Etonic, así como de las nuevas empresas propiedad de Rodgers y Frank Shorter. La carrera era una competición, pero también un acontecimiento social. Los corredores charlaban amistosamente y se empapaban de camaradería movidos por el común objetivo de ser protagonistas de ese momento bajo el sol.

Los corredores de élite llegaron a Woods Hole menos de treinta minutos antes del comienzo de la carrera. Cada cual tenía su propia rutina, pero todos compartían ciertas similitudes: calentamiento, masaje, estiramientos y unos cuantos esprints arriba y abajo de Water Street, sin correr demasiado, lo suficiente para soltar las piernas y evitar rampas y roturas durante la primera parte del recorrido. Luego se juntaron en el aparcamiento situado detrás del edificio principal del Instituto Oceanográfico de Woods Hole, en busca de la única zona de sombra. Por primera vez, la carrera tenía un patrocinador —Perrier, la empresa de agua mineral francesa—, que había aportado la imponente suma de cinco mil dólares. Sin embargo, no había premios en metálico para los ganadores, y algunos corredores de élite habían tenido que pagarse el desplazamiento de su propio bolsillo. Las familias de Falmouth ofrecían alojamiento a muchos de ellos, algo que, más allá de constituir una tradición entrañable, era resultado de la pura necesidad económica, ya que la organización solo podía correr con los gastos de desplazamiento de un puñado de participantes.

Los espectadores sentados sobre el murete de piedra frente a la oficina de correos gritaban deseándole buena suerte a Rodgers, y cada pocos minutos algún corredor se acercaba a estrecharle la mano. Aquello podía resultar una distracción e incluso una molestia, pero Rodgers se lo tomaba con buen humor. Saludaba a la multitud y aceptaba sus buenos deseos como si fuera el capitán de un equipo de fútbol. Cuando hablaba, su voz parecía la de alguien que acabara de fumar hierba, de la que enrojece los ojos e invita a exaltar la amistad. Aquella fama repentina todavía le parecía extraña y se movía entre sus fans entre encantado y aturdido.

Salazar, sin embargo, se mantenía al margen. Estiraba solo y apenas intercambiaba un par de palabras con alguien. Algunos confundían eso con arrogancia, y, a decir verdad, tenía una gran confianza en sí mismo. Su entrenador, Bill Dellinger, decía que estaba «obsesionado con ser el mejor del mundo». El editor jefe de la revista *Runner's World* lo definía como «el corredor más fiero y combativo que he conocido». Llevaba tanto tiempo siendo una estrella y un prodigio tanto en pista como en asfalto que su confianza en sí mismo era bien merecida y rara vez había sido puesta en entredicho. Pero tras esa concentración se ocultaba también una profunda inseguridad. Salazar, el menor de tres hermanos e hijo de un padre religioso, dogmático y estricto, podía llegar a ser terriblemente tímido. Encajaba mal el fracaso en un deporte en el que apenas había diferencia entre perder y llegar segundo, y todavía tenía clavada la espinilla de su sexta posición en la NCAA. Ni siquiera cuando ganaba parecía saborear la victoria. No perder era más importante que ganar.

A pesar de sus diferencias, ambos hombres compartían algunos rasgos comunes a todos los fondistas: austeridad, introversión, manías. Sin una dedicación lindante con el martirio, nadie es capaz de correr decenas de kilómetros a un ritmo inferior a los cinco minutos por milla. Aún tiene que llegar el día en que veamos a un corredor de larga distancia dando la vuelta al estadio con el dedo en alto al estilo de Usain Bolt. Al contrario: los corredores de fondo tienden a dejar las celebraciones para el bar, concluida la ceremonia de premios.

Los primeros cinco kilómetros entre Woods Hole y Falmouth favorecían a los corredores de fondo. La estrechez de la salida, las curvas y los rápidos desniveles dejaban exhaustos a la mayoría de participantes antes de que la carrera se esponjara en Surf Drive. Luego seguía un kilómetro y medio de terreno llano bajo el sol abrasador, seguida de cinco curvas que terminaban con el ascenso a una pequeña loma en dirección a Falmouth Heights. Si Rodgers no podía deshacerse de sus perseguidores antes de llegar a Surf Drive, la carrera estaba perdida. Sería una lucha entre la velocidad y la resistencia, entre las piernas y el corazón.

Llegó el momento de formar hombro con hombro en la salida. La multitud se acercó. Había espectadores hasta en el tejado del Fishmonger's y el Captain Kidd. A lo largo de Water Street, la gente se apretaba contra las vallas en filas de tres y cuatro en fondo. En el cielo zumbaban los helicópteros, y los equipos de prensa rivalizaban por hacerse con la mejor posición. Los más rezagados trataban de abrirse camino calle abajo antes de que los voluntarios de la organización les cerraran el paso. Estos, cogidos de los brazos, avanzaban en formación cerrada hacia la línea de partida enviando a la gente hacia el otro lado del puente. Un hombre con el dorsal equivocado trató de pasar, pero uno de los voluntarios le gritó: «Solo corredores de élite. El resto, atrás», y el tipo se fue arrastrando los pies como un niño pillado en falta.

Salazar encontró un hueco en primera fila, a pocos pasos de Mike Roche. Varios de los que fueran sus compañeros de equipo en Boston se colocaron a su alrededor. Rodgers estaba dos filas más atrás, encantado de que los velocistas marcaran el paso al inicio. Un hombre armado con un megáfono pedía a la gente que se echara atrás y dejara sitio a los favoritos. Todavía no se habían colocado tras la línea de salida, y la carrera no empezaría hasta que se pusieran ahí. Tras unos cuantos empujones y algunos gritos del hombre del megáfono, los corredores retrocedieron medio metro. Los cuerpos sudorosos chocaban unos contra otros, incapaces de moverse entre la multitud.

Finalmente, tras unos cuantos empellones más, todo el mundo quedó colocado. Los helicópteros rugían en lo alto. Un coche patrulla encendió las luces y despejó la carretera haciendo sonar la sirena. La camioneta de prensa puso el motor en marcha, soltando humo y olor a gasóleo. Los altavoces crepitaron y los corredores adoptaron posición de firmes mientras sonaba el himno. Por todas partes ondeaban banderas, y los espectadores estiraban el cuello hacia aquí y hacia allá como suplicantes que adoraran a distintos dioses. El hombre del megáfono dio las últimas instrucciones y se subió corriendo al vehículo de la organización. El juez de salida levantó la pistola. Tensión en las piernas; alientos contenidos. La carrera estaba a punto de empezar.

Cuando sonó el pistoletazo, la marea echó a correr como un ciempiés enloquecido. Los primeros corredores ganaron el puente y la subida a la loma en un abrir y cerrar de ojos, pero los demás tardaron diez minutos en cruzar la línea de salida y aún más en empezar a correr a un ritmo cómodo. Enseguida se formó un pelotón de cabeza. Como siempre, algunos muchachos corrían demasiado deprisa —ya fuera por lucirse o por pura ignorancia—, y los más experimentados los dejaban hacer. La adrenalina de los primeros metros, unida a la rápida nivelación de la loma y la posterior bajada hasta el mojón de la primera milla, invitaba a tomar decisiones imprudentes. Sin embargo, como nadie podía distinguir muy bien a los que iban en cabeza entre los meandros de la carretera, los atletas de élite no los dejaban pasar de ahí; quedarse descolgado a las primeras de cambio habría sido un error táctico.

Cubrieron la primera milla en 4 minutos y 25 segundos. La imagen era de lo más pintoresca: el faro de Nobska en primer plano, el rocoso acantilado del estrecho de Vineyard y una serpiente de corredores que se extendía hasta donde alcanzaba la vista. Dos helicópteros sobrevolaban el acantilado y una flotilla de barcas se mecía justo delante de la playa. Parecía un festival o un carnaval, solo que al frente algunos de los mejores corredores del mundo pugnaban por ganar la posición. Para cuando llegaron a la loma y bajaron en dirección al bosque, la carrera ya se había puesto seria.

Cruzaron el mojón de la segunda milla en 8 minutos y 49 segundos, un ritmo de récord. Sin embargo, nadie pensaba en récords, solo en no quedarse descolgado. En ese tramo del recorrido había dos pequeñas subidas seguidas por otra más larga: arriba, abajo; arriba, abajo; arriba, abajo. Había sombra, pero los árboles preservaban la humedad y la carretera daba la impresión de estar mojada y resbaladiza. Los espectadores esperaban en Oyster Pond Road con esponjas, gajos de naranja y vasos de agua. La mayoría eran científicos y sus familias, que se alojaban en las casas de verano esparcidas por el bosque y pasaban varios meses investigando en el Laboratorio de Biología Marina antes de regresar a sus hogares de invierno. Ochocientos metros más adelante había un puesto de avituallamiento, pero los corredores les agradecieron el detalle igualmente. Los de delante siguieron sin bajar el ritmo, pero varios corredores del segundo grupo trataron de hacerse con los vasos, que en muchos casos se caían de las manos de aquellos inexpertos voluntarios. Se empapaban la cabeza de agua, daban un par de sorbos y arrojaban el vaso vacío a la carretera.

Rodgers se escapaba en las bajadas, obligando a los demás a seguir su paso. Era su manera de correr, una táctica casi inconsciente, pero le servía para romper el ritmo de sus perseguidores. Aquella era su carrera, y cada vez que se movía, no tenían más remedio que reaccionar. Su estrategia consistía en recorrer las primeras tres millas a buen ritmo, disminuir la intensidad durante las siguientes tres y hacer lo que fuera preciso al final. Conocía el trazado y sabía cómo atacarlo, lo cual también jugaba a su favor. Sabía lo que le esperaba al otro lado de cada cuesta, cuál era la duración del descenso y hasta dónde podía apretar. Ninguno de los demás corredores del pelotón de cabeza conocía el recorrido tan bien como él, y algunos incluso era la primera vez que lo pisaban. A diferencia de la pista, donde todas las curvas son llanas e uniformes, el asfalto es fuente constante de sorpresas. Para los corredores que no tenían una imagen mental de lo que venía a continuación, las subidas y las curvas no solo resultaban agotadoras desde el punto de vista físico, sino psicológicamente devastadoras. A medida que las piernas se cansan, el cerebro necesita una distracción, algo que le prometa que el dolor terminará enseguida. Para los corredores que ignoraban lo que les esperaba era fácil desanimarse. Sus rivales les hacían jugarretas, como ponerse a esprintar sin necesidad, con la intención de agotar su cuerpo y abatir también su espíritu. Cuanto mayor era la distancia, mayores los ardides.

La ventaja de Salazar era de otro orden: su capacidad para soportar el dolor más atroz. No se consideraba rápido, pero desde los años de escuela había demostrado una gran resistencia a la falta de oxígeno, las lesiones de tejidos y las infecciones virales. Era como si los enlaces bioquímicos que disparan los sistemas de alarma del cuerpo no le funcionaran. De hecho, algunos estudios científicos sugieren que hay personas más inmunes que otras a los síntomas de dolor. ¿Hasta qué punto la resistencia de Salazar era genética y hasta qué punto fuerza de voluntad? Seguramente sea una pregunta que nunca obtenga respuesta. El caso es que cuando Rodgers aceleraba, Salazar se desmarcaba con él, como si jugara a ser su sombra. Durante un rato, parecía que Rodgers no pudiera hacer nada para desalentar al Rookie. Salazar le pisaba los talones sin perderlo nunca de vista.

El calor iba en aumento, la humedad se hacía más espesa y el sol proyectaba sus rayos dorados por el cielo. Fueron unos momentos de una belleza alada y ligera.

El de 1978 fue un año de grandes cambios y transiciones en Estados Unidos, una bisagra entre el liberalismo de la década de los sesenta y la creciente reacción conservadora. Aquel verano se cumplía el plazo para el cumplimiento del llamado Título IX (la Ley Patsy Mink de Igualdad de Oportunidades), que exigía la igualdad de sexos en las competiciones atléticas federadas. Sin embargo, en primavera de ese año, el Tribunal Supremo estadounidense propinó un mazazo a la ley al decretar, en el caso del Consejo Rector de la Universidad de California contra Bakke, que la política de la Universidad de California en Davis de reservar cierto número de plazas para estudiantes con discapacidad constituía una «discriminación inversa». La música disco monopolizaba las listas de éxitos y tres temas de la banda sonora de *Fiebre del sábado noche* escalaron hasta el número uno. Al mismo tiempo, la banda de *new wave* Blondie publicaba *Parallel Lines*, que vendería más de veinte millones de discos. Los Sex Pistols, los pioneros del punk, daban su último concierto y, más tarde ese mismo año, Sid Vicious era detenido por el asesinato de su novia, Nancy Spungen. Prince, Van Halen y The Police lanzaban sus álbumes de debut, y grupos como los Ramones, Talking Heads y Elvis Costello dominaban la escena *underground*. En los cines, la primera película comercial sobre la guerra de Vietnam, *El cazador*, ganaba los Oscars a la mejor película, mejor dirección y mejor actor de reparto (un joven Christopher Walken). Pero por si alguien creía que el país se había vuelto serio e introspectivo, ese año también se estrenaron *Desmadre a la americana* y *La noche de Halloween*, con gran éxito de público.

El país no vivía su mejor época, pero tampoco la peor. Aun así, cierta sensación de desazón y desapego cundía entre una generación de jóvenes que había dejado de identificarse con Woodstock y que veía que el futuro les deparaba menor influencia y menores expectativas económicas. Sus padres habían abandonado las ciudades dejándolas vacías y divididas, y los suburbios eran lugares anodinos y sin alma. A lo largo de los años siguientes, el espíritu de los sesenta daría paso a los frenéticos ochenta, el amor hippy se vería desbancado por los bonos basura y el lema de Reagan «*It's morning again in America*» (Ya es de día otra vez en América). En 1978, el país parecía en guerra consigo mismo, como si una agitación silenciosa hubiera reemplazado a los explosivos conflictos de la era de Vietnam. Las bolas de las discotecas brillaban en la superficie, pero por debajo del glamour bullía el descontento del punk.

La carretera, no obstante, era estrecha y real, y no hacía distingos del color, clase o cultura. El cronómetro escandía el tiempo en décimas de segundo y la línea de meta estaba claramente marcada. Al final, ganaba el mejor.

En Surf Drive, empezaba una recta de dos kilómetros y medio. Los corredores bajaron una pequeña cuesta, rodearon una marisma salina y llegaron a la playa, reluciente y letal. Los diez hombres del grupo de cabeza se habían reducido a cuatro: Salazar, Rodgers, Craig Virgin y Mike Roche. Tras la escaramuza de las colinas, llegaba el momento de correr en serio. La temperatura había aumentado unos cuantos grados y la blanca luz del sol ardía a través de la calina. Desde atrás soplaba una leve brisa, tan leve que ni favorecía la carrera ni ayudaba a refrigerarse.

Roche y Rodgers corrían uno junto al otro, con Virgin y Salazar media zancada por detrás. Roche se mostraba confiado. Durante los ochocientos metros iniciales había luchado por la primera posición hasta lograr colocarse al frente. Craso error: ese prematuro derroche de velocidad empezaba a pasarle factura. Rodgers volvió a acelerar, y él no pudo responder.

Tampoco Virgin, que el mes anterior había batido nueve marcas personales en Europa. Era un corredor excelente y el que tenía la zancada más rápida del grupo. La distancia era la ideal para él, pero el coste mental y físico de intentar mantener el paso de Rodgers, sumado al largo vuelo transoceánico, lo estaban agotando. Había tratado de correr con calma, pero no era fácil dadas las vueltas y revueltas de la primera mitad de un trazado para él desconocido. Finalmente, se convenció de que no podía aguantar su ritmo. Apenas un minuto más tarde, Rodgers ya le sacaba quince metros de ventaja.

Salazar era el único que no cedía. Sus músculos, como los del resto de corredores, se habían ido impregnando de ácido láctico, y el corazón tenía que esforzarse más para suministrar el oxígeno que el cuerpo necesitaba tan desesperadamente. Sin embargo, sería el cerebro el que decidiría cuándo aflojar, una decisión que, en su caso, solo se produciría tras evaluar todos los datos físicos y concluir que eso era lo mejor para el cuerpo. A menos que se produzca un desgarro o un esguince, los músculos no se detienen por sí solos, sino que siguen las órdenes del cerebro. El cerebro de Salazar le hacía levantar las rodillas, doblar las corvas y estirar los muslos. Los músculos le ardían, pero el cerebro les ordenaba seguir: «Nunca volverás a morder el polvo».

Naturalmente, Rodgers no sabía lo que pensaba el cerebro de Salazar. El suyo le decía que había logrado dejar atrás a dos perseguidores, pero que otro lo seguía implacable. Y lo que es peor: que ese perseguidor era la estrella de la Universidad de Oregón, el corredor a quien el propio Rodgers había anunciado como futuro rey. La carrera se aproximaba a los tramos finales, y si Rodgers no conseguía dejar atrás a Salazar durante el próximo kilómetro y medio, tendría pocas posibilidades de vencerlo en el esprint. Por primera vez, dudó de si podría ganar la carrera y conservar el título. Sentía la presencia de Salazar a su lado, avanzando a la par que él hacia el final de Surf Drive.

Fue entonces cuando Salazar le preguntó a Rodgers si quería que marcase el paso. Para Rodgers, ese fue el golpe de gracia. Estaba acabado. La carrera era para Salazar. «Adelante, todo tuyo», respondió.

Sin embargo, de pronto perdió de vista al corredor. En lugar de adelantar, Salazar empezó a hacer eses como un coche cuyo conductor se ha muerto sobre el volante. Roche lo adelantó. Luego

Virgin. Los espectadores veían que le costaba tenerse en pie y que pasaba al quinto, al sexto, al séptimo, al octavo puesto. Algo terrible estaba ocurriendo, pero nadie sabía cómo reaccionar. Salazar estaba perdiendo literalmente el conocimiento, pero sus piernas seguían moviéndose. El cerebro ya no era capaz de darle órdenes al cuerpo.

Entretanto, Rodgers ampliaba su ventaja. Tras la desaparición de su último perseguidor, rodeó sin problemas el puerto deportivo y embocó la última curva en dirección al campo de béisbol. Saludó al público levantando la mano y sonriendo levemente. La victoria era dulce, pero más dulce aún era saber que continuaba siendo el rey.

Salazar se las arregló como pudo para subir la última cuesta de Falmouth Heights, pero nada más cruzar la línea de meta se desplomó. Lo trasladaron al puesto de atención médica, donde se determinó que su temperatura corporal era de 42,2 grados. El personal médico procedió al instante a las maniobras de reanimación. Lo hundieron en agua helada para bajarle la temperatura. En esas apareció su padre, exaltado y en estado de pánico. Los corredores seguían cruzando la línea de meta mientras Alberto Salazar yacía semiinconsciente en una bañera de plástico llena de hielo, gimiendo, revolviéndose y soltando imprecaciones. Su cerebro solo era una parte del cuerpo más, débil y falible. Había fracasado, y la derrota lo martirizaba.

Acudió un sacerdote a ungirle la frente. Su padre le sujetaba la mano. El joven atleta se debatía al borde de las tinieblas. El *boom* vivía su momento de máximo auge, pero el futuro, por lo visto, terminaba aun antes de empezar.

Frank Shorter en el momento de ganar la primera medalla de oro para Estados Unidos en una maratón olímpica en sesenta y cuatro años.

2

EL NACIMIENTO DEL *BOOM* (1972)

Correr me ayudó a descubrir cómo quería vivir. Gracias a ello, tuve la sensación de que había terminado y conseguido algo.

FRANK SHORTER

Los terroristas llegaron antes del alba. Con la ayuda de varios atletas estadounidenses, saltaron la valla con sus bolsas deportivas y vestidos con chándal rojo. La seguridad era poco estricta y nadie se molestó en detenerlos ni hacerles preguntas. Eran los «Juegos Amistosos», y los alemanes esperaban borrar con ellos el recuerdo de los Juegos Olímpicos de Berlín de 1936, organizados bajo la mirada aprobatoria de Hitler. Saltar una valla a altas horas de la madrugada tras una noche de copas parecía lo más indicado. A continuación, los ocho palestinos, miembros del comando Septiembre Negro, avanzaron a hurtadillas hacia el número 31 de la Connollystrasse, donde se alojaban los atletas de Uruguay, Hong Kong e Israel. Eran las 4.10 de la madrugada del 5 de septiembre de 1972.

Derribaron la puerta del primer apartamento de una patada, despertando a Iósef Gutfreund, un árbitro de lucha libre israelí, que se abalanzó hacia la puerta mientras les gritaba a sus compatriotas que escapasen. Tuvia Sokolovsky, entrenador de halterofilia, consiguió romper una ventana y escapar, pero los otros cinco entrenadores y árbitros no tuvieron tanta suerte; fueron capturados, atados y trasladados junto con Gutfreund a un dormitorio vacío del segundo piso en calidad de rehenes.

Los terroristas obligaron al entrenador de lucha libre Moshe

Weinberg a que los condujera hasta el resto de compañeros del equipo. Weinberg pensó que los luchadores y los levantadores de pesas tendrían más posibilidades de neutralizar a sus captores, de modo que los convenció de que el apartamento número 2 —donde se alojaban los equipos de tiro, esgrima y atletismo— estaba ocupado por la delegación uruguaya. Siguieron hasta el apartamento número 3, donde uno de los luchadores logró escapar, pero el resto de sus compañeros fueron apresados. Cuando Weinberg y el levantador de pesas Iósef Romano trataron de escapar, los mataron de un balazo.

El cuerpo de Weinberg cayó al suelo, donde lo encontró un guardia de seguridad que alertó a las autoridades alemanas. Empezaban así veinticuatro agónicas horas que acabaron con una torpe operación de rescate que la policía alemana lanzó en el aeropuerto, adonde los terroristas habían llegado en helicóptero con el propósito de volar a El Cairo para continuar ahí con las negociaciones. Durante el tiroteo subsiguiente, los terroristas asesinaron al resto de rehenes. La crisis se saldó con once atletas, cinco terroristas y un policía muertos.

El corredor de fondo norteamericano Frank Shorter vio cómo se desataba el terror desde su balcón, que daba justo delante del complejo israelí. Se había ido a dormir convencido de que los atletas estaban seguros, pero por la mañana, al despertar, se encontró con la cruda verdad. Hasta entonces, los Juegos Olímpicos de Múnich habían sido todo un éxito. Cuatrocientas empresas y seis mil personas habían trabajado durante seis años en la construcción de los estadios y la villa olímpica, con un coste total de 850 millones de dólares. 142 países habían enviado a 7.000 atletas a los juegos; el número de espectadores de los seis primeros días había sido de 1,2 millones; 7.000 periodistas daban cobertura al evento, y ochocientos millones de personas habían seguido la ceremonia de inauguración en directo por televisión. Los terroristas sabían que, si querían hacerse oír, aquel era el mayor escenario del mundo. Los juegos convirtieron en estrellas al nadador Mark Spitz y a una pequeña gimnasta llamada Olga Kórbut. El nadador sueco Gunnar Larsson venció al estadounidense Tim McKee en los 400 metros estilos gracias a una *foto finish* en la que hubo que consultar el tercer decimal del cronómetro para determinar el vencedor. El equipo de baloncesto de Estados Unidos perdió la medalla de oro ante la Unión Soviética por primera vez en veintiocho años, en lo que algunos han llamado «el partido más controvertido de la historia del baloncesto internacional», un encuentro que quedó enturbiado por un error de la mesa. Y Dave Wottle, con su característica gorra, logró una emocionante victoria en los 800 metros tras remontar desde la última posición en los últimos doscientos y ganar por tres centésimas de segundo.

Sin embargo, ahora, mientras Shorter y sus compañeros de equipo Kenny Moore y Jack Bacheler se preguntaban qué ocurriría con su prueba —la maratón—, los políticos debatían si seguir adelante o no con la olimpiada. El primer ministro israelí, Golda Meir, pidió la suspensión de los juegos, al igual que Red Smith, el influyente columnista deportivo del *New York Times*. En el otro extremo, los países árabes boicotearon la ceremonia que se celebró en recuerdo de los atletas asesinados. Permitir que los juegos continuaran parecía irrespetuoso e inútil. ¿Daría la carrera algún sentido a esas muertes? Por otro lado, anularla parecía igual de ilógico. Nada podía devolverles la vida a los muertos.

Shorter hizo lo que pudo por prepararse para la maratón. Ya había corrido los 10.000 metros (donde había terminado quinto) y estaba cansado y tenso. Para soltar los músculos, se dedicó a trotar por el perímetro de la villa olímpica con Moore y Bacheler. Él no era político y no podía reescribir la historia. Lo único que podía hacer era correr.

Shorter, hijo de un médico de Nueva Inglaterra, era un muchacho terco con unas ideas muy claras de a qué quería dedicarse. Había sido esquiador, pero se había pasado al atletismo al leer que el equipo de esquí francés era superior al austríaco porque los franceses corrían fuera de temporada. Logró convencer a su entrenador de que le permitiera correr en solitario alrededor del campo mientras el resto de los muchachos jugaban a fútbol americano. Pronto empezó a correr también para ir al colegio (a un par de kilómetros), con sus zapatillas Keds y el libro metido bajo el brazo.

Fue en la escuela privada Mount Hermon de Northfield, Massachusetts, donde corrió su primera Pie Race, una carrera por asfalto de 4,55 millas (7,3 kilómetros) que se celebraba anualmente y en la que todos los varones que terminaran por debajo de los treinta minutos y todas las mujeres que terminaran por debajo de los cuarenta se llevaban una tarta de manzana. A pesar de que la mayoría de corredores eran mayores y estaban mejor entrenados que él, Shorter terminó séptimo y descubrió que, además de resistencia, tenía velocidad, gracias a lo cual había logrado adelantar a un buen número de participantes durante la segunda parte del recorrido. No fue hasta el segundo año de instituto que se unió al equipo de *cross-country*, y aun entonces no estaba muy seguro de querer dedicarse al atletismo. Sin embargo, en otoño de 1964, durante su último año en el Mount Hermon, quedó invicto en *cross-country*, batió todos los récords en todas las carreras en que participó y se adjudicó tanto el campeonato de Nueva Inglaterra como la Pie Race. Dejó el equipo de esquí y, en la temporada de primavera en pista, marcó un récord escolar en las dos millas y continuó con su imparable racha.

Ingresó en Yale, donde el atletismo pasó a un segundo plano, por detrás de los estudios y las notas. No quería implicarse en algo a menos que viera posibilidades claras de éxito. Como su padre, era trabajador, puritano y desaprobaba las frivolidades, pero de su madre había heredado una faceta más romántica. El amor a lo desconocido y a la novedad fue lo que, durante el verano del tercer al cuarto año, lo llevó a inscribirse en su primera maratón, nada menos que la clasificatoria olímpica de Alamosa, Colorado, en la que participarían los mejores corredores del país. Desacostumbrado como estaba a la distancia, la altitud (dos mil metros) y el calor, y corriendo además con unas zapatillas prestadas que le iban medio número pequeñas, Shorter abandonó a los veinticinco kilómetros. No obstante, ahí aprendió qué había que hacer para correr con los mejores.

Volvió a Yale debatiéndose entre su lado romántico y su lado pragmático. Con el fin de resolver el conflicto, buscó consejo en su entrenador, Bob Giegengack. Shorter quería saber hasta dónde podía llegar. Giegengack, que había entrenado al equipo olímpico de 1964 y era uno de los preparadores más reputados del país, le dijo: «Si te entrenas duro y te implicas, seguramente podrías entrar en el equipo olímpico».

Era lo que Shorter necesitaba oír. Durante las vacaciones de primavera, dobló el tiempo de entrenamiento e incrementó la distancia hasta unos ciento treinta kilómetros semanales. Con la graduación a la vuelta de la esquina, se concentró en el campeonato universitario de Knoxville, Tennessee. Quedó primero en las seis millas (equivalente a los 10.000 metros) con una ventaja de treinta y dos segundos, y segundo en las tres millas por solo un segundo. Con esas dos carreras bajo el brazo, Shorter se postulaba como uno de los fondistas más prometedores de Estados Unidos.

Pero también había que comer. Ser fondista profesional no era oficio para un *yalie*. De hecho, en 1968, no era oficio para nadie. No había contratos por uso de zapatillas, ni premios en metálico por ganar carreras, ni patrocinadores que corrieran con los gastos de los entrenamientos, los viajes y las pernoctaciones fuera de casa. Así las cosas, Shorter sucumbió a su yo más pragmático, se mudó a Nuevo México, donde sus padres se habían instalado, y se matriculó en la facultad de medicina de la universidad pública de Albuquerque.

Durante el día, estudiaba y asistía a clase. Por la noche y antes del amanecer, corría. Eso duró seis semanas, hasta que dejó la facultad porque en administración no le permitían adaptar el horario de las clases a los entrenamientos. La decisión suponía el triunfo de la pasión sobre la razón, pero, al mismo tiempo, parecía bastante racional: era un corredor bueno, acaso genial. Lo irracional, a su juicio, habría sido dejar de correr sin ver hasta dónde podía llevarlo su talento. La facultad de medicina podía esperar; sus mejores años como atleta, no.

Shorter decidió irse a vivir con sus padres en Taos y ayudarlos a construir su casa. Cuando no estaba trabajando, se iba a correr por las carreteras secundarias y las pistas de tierra de aquella empobrecida población. Un caucásico delgado de 1,75 metros era un blanco fácil, y un buen día Shorter llamó la atención de un grupo de pachucos, o matones de pueblo, que lo persiguieron por la calle. Después de eso, cada vez que salía a correr, su padre lo seguía con la camioneta y una pistola del 38. En cierta ocasión, los pachucos volvieron a acercarse y su padre disparó varios tiros al aire para asustarlos. Jamás volvieron a molestarlo.

Shorter corría entre veinte y veinticuatro kilómetros al día sin dirección fija, siguiendo el rumbo que le marcaran las piernas. Pasados siete meses, llegó a la conclusión de que corriendo solo no iba a llegar muy lejos, así que se puso en contacto con Jack Bacheler, que lo había vencido en la doble milla de los Florida Relays. Bacheler vivía en Gainesville, donde continuaba entrenándose mientras cursaba estudios de posgrado en entomología. Shorter fue a verlo y al poco tiempo ambos empezaron a entrenarse con un pequeño grupo de corredores del Florida Track Club (FTC).

El FTC había sido fundado en 1965 por Jimmy Carnes, el entrenador de atletismo en pista de la Universidad de Florida. El club empezó siendo una excusa para que los estudiantes procedentes de otras universidades pudieran competir mientras esperaban el ingreso oficial en el equipo del campus. Bacheler se convirtió en el primer miembro no universitario durante la etapa de su posgrado. Poco después llegaron Jeff Galloway, que cursaba un máster en la Universidad Estatal de Florida, y John Parker, que estudiaba derecho. Más tarde se les sumó el millista Marty Liquori, número uno del mundo en los 1.500 metros. Aunque Gainesville no era el lugar ideal para correr —demasiado calor y demasiada humedad—, se convirtió en una meca del atletismo de media y larga distancia y en uno de los catalizadores del *boom* junto con otras dos ciudades poco privilegiadas desde el punto de vista meteorológico: Boston, en Massachusetts, y Eugene, en Oregón.

Shorter compartía habitación con Parker, quien con el tiempo escribiría la novela superventas *Once a Runner*. Fue Parker quien animó a Shorter a matricularse en la facultad de derecho. A 2,40 dólares el crédito, hasta un estudiante pobre podía permitírselo.

En junio de 1970, Shorter ganó las tres y las seis millas de los campeonatos de la AAU. De resultas de ello, lo invitaron a competir contra los rusos en Leningrado, en el encuentro soviético-estadounidense anual. Ahí ganó los 10.000 metros, victoria que le mereció aparecer en la cubierta de *Sports Illustrated*, un raro honor para un corredor de fondo. El segundo clasificado fue Kenny Moore, un estudiante de posgrado de la Universidad de Oregón. Moore y Shorter acabarían siendo íntimos amigos, y de hecho fue Moore quien lo convenció para que se pasara a la maratón. Más tarde, Moore diría (bromeando) que la única razón por la que le sugirió a Shorter que corriera la maratón era para poder ganarlo.

Y efectivamente, un año después Moore ganaba a Shorter en la maratón de los campeonatos de la AAU en Eugene. Sería la última vez. En agosto, con ocasión de los Juego Panamericanos, Shorter ganó su primera maratón y los 10.000 metros. En diciembre, corriendo contra algunos de los mejores atletas del mundo, se adjudicó la prestigiosa maratón de Fukuoka, en Japón, y rebajó en cinco minutos su marca personal.

De la noche a la mañana, Frank Shorter se había convertido en el mejor corredor de maratón del mundo. Pese a ser poco menos que un desconocido, era la gran baza de su país de cara a obtener una medalla olímpica en una prueba en la que ningún estadounidense se había impuesto en los últimos sesenta y cuatro años.

A finales de mayo de 1972, Shorter se trasladó de Gainesville a Vail, Colorado, para entrenarse en altura con Bacheler y Galloway. Corrían unos treinta kilómetros dos y hasta tres veces al día. Por la noche, Shorter dormía unas diez horas y echaba una siesta entre entrenamientos. Trabajaban con intensidad, máxime teniendo en cuenta que corrían a gran altitud, donde el aire es más fino y contiene menos oxígeno. El 1 de junio corrieron dieciséis cuartos de milla a razón de sesenta y sesenta y cuatro segundos por tramo, y con menos de treinta segundos de recuperación entre series. A ese ritmo, Shorter estaba corriendo en cada sesión casi el equivalente a cuatro carreras de una milla a un ritmo de cuatro minutos por carrera. También corrían series de treinta y dos esprints de doscientos metros con un tiempo de recuperación mínimo (unos quince segundos). Shorter se entrenaba para la maratón como si corriera en pista, incrementando el número de intervalos y reduciendo el tiempo de recuperación. Fue uno de los primeros corredores en darse cuenta de que, en la maratón, la velocidad es casi tan importante como la resistencia, y en el futuro se serviría de esa capacidad para correr a intervalos para destrozar a sus rivales.

En las clasificatorias para los Juegos Olímpicos, Shorter disputó tanto los 10.000 como la maratón. Los primeros tres clasificados en cada prueba serían seleccionados para el equipo olímpico, y los siguientes ocuparían el puesto de suplentes. El proceso era brutal, despiadado y caprichoso. Una mala carrera, una lesión, un resfriado o una caída podían significar que un atleta quedara excluido de los juegos. Si Shorter lograba entrar en el equipo, tendría que correr dos maratones de máxima exigencia en espacio de dos meses, con lo cual aumentaba el riesgo de agotamiento y lesiones. Aun así, en los 10.000 metros, con un calor de 35 grados, corrió rápido y sin volver la vista atrás. En la maratón, él y Kenny Moore tomaron la delantera desde el principio y continuaron juntos hasta llegar empatados en primera posición. Por su parte, Bacheler se hizo con el tercer puesto tras adelantar a Jeff Galloway, que ya se había clasificado en los 10.000.

Ahora los tres amigos y compañeros de equipo esperaban pacientemente en la villa olímpica para saber si la prueba para la que tanto se habían entrenado sería o no cancelada. Se hacía difícil no sentirse egoísta en una situación como esa, y sin embargo de nada valía pensar solo en uno mismo. Como diría Moore más tarde, habían vivido en una burbuja, ajenos «a un mundo más amplio y sórdido en el que personas y gobiernos se negaban a ajustarse a un código de conducta humano», pero ese mundo se había colado en Múnich derribando las fronteras artificiales levantadas por los atletas y lo había teñido todo con el lúgubre color de la muerte.

Cuando Avery Brundage, el presidente del Comité Olímpico Internacional, anunció que los juegos continuaban, el estadio olímpico estalló en una ovación, pero Israel mandó a su equipo de vuelta a casa en señal de protesta. Mark Spitz, con sus siete medallas, regresó a Estados Unidos por su propia seguridad. A otros atletas judíos se les asignó un equipo de protección. Policías armados patrullaban la villa como si fuera territorio ocupado, y de un día para otro los Juegos Amistosos se convirtieron en los juegos de la muerte.

Debido a la ceremonia en recuerdo de los atletas asesinados, la maratón pasó del 9 al 10 de septiembre, la última jornada de las pruebas de atletismo. Ron Hill protestó y más tarde afirmaría que el cambio había dado al traste con sus opciones de medalla. La suerte jugó a favor de Shorter, que tuvo un día más para recuperarse de las dos carreras de 10.000 metros ya disputadas. El atentado terrorista sirvió también para aumentar la cobertura mediática de las siguientes pruebas y centró la atención del mundo en la maratón. Jim McKay, locutor de la ABC, diría que el inicio de la maratón hizo que los espectadores «aparcaran la tristeza» por primera vez desde los asesinatos y que eso propició un «cambio en el estado de ánimo» del estadio olímpico. Es decir, que en un acto de cruel ironía, la masacre de Múnich preparó el terreno para una emocionante historia de resurrección, redención y victoria. Qué mejor reclamo para los espectadores del canal americano.

La maratón era una prueba extraña, con poco arraigo en los Estados Unidos de la época. De hecho, la carrera ni siquiera tuvo una longitud fija hasta 1921. Hoy en día, esta es de 42 kilómetros y 195 metros, pero en las primeras siete maratones olímpicas los participantes recorrieron diferentes distancias comprendidas entre los

39 y los 43 kilómetros, dependiendo de la topografía local, los azares históricos y la familia real británica (para facilitarle una mejor vista). Estados Unidos tuvo un campeón en Johnny Hayes, que en 1908 ganó una controvertida carrera en la que el italiano Dorando Pietri echó a correr en sentido contrario al llegar al estadio olímpico y, tras caer al suelo, cruzó la línea de meta llevado medio en volandas por los jueces. Estados Unidos presentó una reclamación, en virtud de la cual Pietri fue descalificado y Hayes obtuvo la medalla de oro.

Tras la victoria de Hayes hubo una sequía de sesenta y cuatro años. De hecho, durante ese tiempo Estados Unidos no destacó más que en la milla, exceptuando las victorias en 5.000 y 10.000 metros de 1964. La cultura atlética del país, con su énfasis en el fútbol americano, el béisbol y el baloncesto, había dado esprínters pero no corredores de fondo. Aunque no era raro ver a una estrella del fútbol americano corriendo en pista fuera de temporada, las carreras de larga distancia no podían practicarse más que en los solitarios confines de las carreteras. En esos juegos, las esperanzas de Estados Unidos estaban puestas en Steve Prefontaine, amigo y compañero de equipo de Shorter, famoso por su estilo agresivo, su atractivo y su personalidad carismática. Sin embargo, tras salir el primero en los 5.000, en los últimos ciento cincuenta metros le habían flaqueado las fuerzas y había acabado un escalón por debajo del podio.

Ahora todo dependía de Shorter. Pese a ser el número uno del mundo, las apuestas se decantaban por Hill, que había corrido en 2:10 en Boston, mejorando en tres minutos el récord de la carrera y ganando al australiano Derek Clayton, poseedor del récord del mundo con un tiempo de 2:08:33. Ninguno de los dos le había prestado mucha atención a Shorter. Clayton creía que Shorter subía demasiado las piernas, y Hill confiaba en que estaría cansado de los 10.000 metros. En previsión de una carrera reñida, ABC había apostado cámaras a lo largo de todo el recorrido. Además de McKay, el canal había contratado al novelista Erich Segal, famoso por *Love Story*, para dar colorido a la retransmisión. Segal había sido el profesor de literatura clásica de Shorter en Yale y era maratonista aficionado, pero carecía de experiencia como comentarista, como pronto iba a quedar de manifiesto.

La carrera empezó a las tres de la tarde. El día era cálido y húmedo, lo cual favorecía a Shorter, que estaba acostumbrado al calor y la humedad de Gainesville. El recorrido imitaba la silueta de la mascota olímpica, el perro salchicha Waldi: los corredores arrancarían en la parte posterior del cuello del perro y seguirían por una zona sombreada y en su mayor parte llana, compuesta de calles residenciales y parques. La segunda parte de la carrera incluía un tramo largo y tortuoso por una carretera de gravilla que durante los días previos a la carrera había suscitado las protestas de los participantes debido a su falta de adherencia. Desde ahí, el trazado se dirigía de nuevo hacia el estadio olímpico, donde se correría la última vuelta.

Setenta y cuatro corredores de treinta y nueve países se habían clasificado para la maratón. Ahora, en el estadio, delante de sesenta mil espectadores, formaban tras la línea de salida mientras uno de los jueces les daba las últimas instrucciones y se hacía a un lado de la pista. El juez levantó la pistola. El pelotón se colocó en posición: cabezas gachas, rodillas flexionadas, brazos inmóviles. Sonó el pistoletazo. Los corredores salieron disparados por la recta y entraron en la primera curva. Tomar la delantera no suponía ventaja alguna, pero pocos podían resistirse al subidón de adrenalina de ese instante de gloria pasajera. Completaron la curva, embocaron la recta de fondo y se dirigieron hacia el túnel que conducía a la calle. Hill y Clayton no tardaron en ponerse en cabeza, mientras el resto de corredores trataban de no perderlos de vista. Y es que aunque todavía quedaban muchos kilómetros, demasiadas carreras se perdían por no reaccionar ante un desafío. Nadie podía permitirse perder demasiado de vista a esos dos.

El grupo cubrió los primeros diez kilómetros con un muy buen tiempo: 31:15. Shorter llevaba diez segundos de desventaja con respecto a Hill y Clayton, y las nuevas plantillas que se había puesto en las Adidas a principios de semana empezaban a provocarle ampollas. Hizo caso omiso del dolor y en la primera parada de agua recogió una botella, marcada con el símbolo de peligro de radiación, en cuyo interior había Coca-Cola. Kenny Moore y él la tomaban sin gas para evitar calambres en el estómago. El azúcar y la cafeína le dieron una inyección de fuerza, como si de una bebida energética de bajo presupuesto se tratara. Se sentía cómodo, tenía los músculos relajados y respiraba de forma controlada.

Clayton iba en cabeza, y Shorter lo seguía acompañado de un pequeño grupo unos quince metros por detrás. Poco antes del kilómetro quince, el ritmo se relajó y Shorter empezó a acortar distancias con los líderes. Como él mismo diría, se dio cuenta de que si no frenaba un poco, pronto se pondría en cabeza, una maniobra arriesgada a esas alturas de la carrera. No obstante, se dejó llevar por el impulso. «Estaba decidido —escribió—. Había llegado el momento de la escapada. Me dije que debía adelantarme lo máximo posible, porque, si me alejaba lo suficiente, estaba seguro de que nadie me alcanzaría. Creo que en su momento nadie interpretó aquello como una escapada; ponerse a cinco o diez segundos de ventaja en una maratón no es nada extraño, sobre todo cuando quedan veinticinco o veintiséis kilómetros de carrera.» Las condiciones climáticas eran de su agrado y los parciales parecían razonables, así que prefería tener el control. Como estrategia, era la misma que había seguido en Fukuoka y en las clasificatorias olímpicas: tomar la delantera relativamente tarde y forzar el paso. Si alguien quería vencerlo, tendría que acatar sus reglas. Era el momento de arrojar el guante y retar a los demás a seguirlo.

En el kilómetro quince, su ventaja era de cinco segundos. En el veinticinco, de cincuenta y siete. El resto de corredores empezaban a perderlo de vista. Todavía quedaba mucha carrera, pero a cada zancada sus posibilidades iban en aumento. Para ganarlo —a menos que se hundiera él solo—, alguien iba a tener que seguirle el paso, y hacerlo cuanto antes.

En el kilómetro treinta, su ventaja seguía aumentando. Entretanto, Moore se había colocado segundo y Bacheler sexto, a solo treinta y ocho segundos de Moore. Después de sesenta y cuatro años de sequía, de pronto los norteamericanos parecían crecerse como una marea. Shorter corría de forma serena y sólida, controlando el paso y sin mostrar síntomas de cansancio. Su estilo habría sido digno de un estudio sobre eficiencia biomecánica. Cada movimiento tenía su función, ningún gesto se realizaba en vano. Por más que Clayton se empeñara en decir lo contrario, el movimiento de piernas de Shorter era perfecto; el cuerpo, ligeramente inclinado hacia delante; la cabeza, rígida, y los brazos oscilando con cadencia regular.

La multitud congregada a lo largo del trazado formaba filas de tres y, en ocasiones, de hasta cuatro en fondo. La gente jaleaba al corredor estadounidense, bien visible gracias a su camiseta blanca con el logotipo del país en rojo y al dorsal 1014 colocado en un lugar prominente. Una camioneta de prensa circulaba a su lado emanando gasóleo, pero Shorter no parecía preocuparse por el humo. Al entrar en el Jardín Inglés llevaba una clara ventaja. El jardín era el punto en el que el asfalto se convertía en gravilla y, por espacio de seis kilómetros y medio, la carretera se retorcía sobre sí misma como una pista de montaña. Shorter sabía que si llegaba al jardín en cabeza, sus rivales lo tendrían difícil para adelantarlo, ya que los recodos les impedirían verlo. La estrategia había dado su fruto. No solo iba el primero, sino que había aumentado la ventaja a noventa segundos. De pronto, a algo más de siete kilómetros para la meta, podía oler la victoria. La idea de ese triunfo era una de las sensaciones más placenteras que hubiera experimentado. Aunque solo fuera dopamina, sabía como el éxtasis.

Se concentró en un único objetivo: llegar al estadio. Los últimos kilómetros eran extenuantes, pero sabía que con la distancia que les llevaba, si sus rivales querían alcanzarlo, tendrían que correr veinticinco segundos por milla más rápido que él, misión casi imposible a esas alturas de una maratón. Aunque redujera el paso a siete minutos por milla, sería el vencedor. Se repetía los datos para sus adentros como un mantra, y el mantra lo ayudaba a mantener el brío en las piernas. Si perdía la carrera, sería solo por su culpa, y no estaba dispuesto a perderla.

Al frente ya se veía el estadio: hormigón y acero sobre el cielo del atardecer. En cuanto se acercó al túnel que conducía a la pista, oyó un estallido de aplausos. Por un instante, se quedó perplejo. ¿Qué podía ser? ¿El salto de altura? ¿Algún récord mundial? Entró en el túnel y lo envolvió el silencio. Para Shorter, ese fue el gran momento de la olimpiada, un momento que no olvidaría nunca: el túnel como símbolo del fin de la maratón, el eslabón entre el mundo exterior y la línea de meta. El frío y oscuro pasaje hacia la victoria.

Cuando por fin entró en la pista, lo que oyó fue… silencio. Qué extraño, pensó, pero no le dio importancia y emprendió el esprint hacia la meta. De pronto, el silencio se convirtió en silbidos y abucheos. Era como si el público alemán se hubiera propuesto menospreciar la victoria del estadounidense. En realidad, protestaban por la expulsión de Norbert Sudhaus, un estudiante alemán que se había colado en la maratón justo antes del final, cosa increíble teniendo en cuenta los atentados y el refuerzo de las medidas de seguridad. Sudhaus, musculado y con indumentaria de atleta, había engañado al público haciéndole creer que un alemán estaba a punto de ganar la carrera.

«Ese no es Frank, ese no es Frank. Es un impostor —gritó Segal desde la cabina de comentaristas—. ¡Saquen a ese individuo de la pista! ¿Cómo es posible que ocurra esto en unos juegos olímpicos? ¡Qué vergüenza! Expulsen a ese individuo. Ahí llega Frank Shorter. Ese sí es Frank. ¡Vamos, Frank, ya has ganado!» Este entrañable aunque bien poco profesional arrebato por parte del comentarista habría de dejar en el imaginario del público una huella casi tan honda como la victoria de Shorter: un estallido de pura emoción en el que se manifestaban tanto el espíritu competitivo del atletismo de fondo como la pasión de sus aficionados.

Al terminar el último giro, Shorter estaba agotado y al borde del desfallecimiento, pero seguía corriendo a cinco minutos por milla. A cien metros de la meta, los abucheos se transformaron en vítores, y Shorter levantó el puño derecho en señal de agradecimiento. Era la primera vez en toda la carrera que se permitía relajar la concentración. Tras unas cuantas zancadas más, cruzó la línea con una leve sonrisa dibujada en el rostro. Dejó caer los brazos, y después, alzándolos ligeramente, se llevó las manos a la cabeza, como si la emoción le impidiera dar crédito a su hazaña.

Sesenta y cuatro años más tarde, Estados Unidos tenía a un campeón de maratón. Y justo en ese instante, oscurecido por el dolor y la muerte, nacía el *boom* del atletismo de fondo.

De izquierda a derecha: Joe Concannon, periodista deportivo del *Boston Globe*, persona sin identificar, Tommy Leonard, Vince Fleming y Bill Rodgers.
Cortesía de Charlie Rodgers

3

UN HOMBRE. UN PLAN. UNA CARRERA (1973)

Un bar en la salida y un bar en la meta.
¿Qué más se puede pedir?

TOMMY LEONARD

Tommy Leonard era un bebedor con problemas con el atletismo. Trabajaba como camarero en Boston y era lo que la gente suele llamar, afectuosamente, «un personaje». Conocía a todo el mundo y todo el mundo lo conocía a él, y si alguien no sabía quién era, en cuanto le servía una cerveza se convertía en su amigo del alma. Su aspecto —cuerpo fornido, rostro rubicundo y bigote poblado— no encajaba con el estereotipo del corredor, sino más bien con el de esos agresivos muchachos irlandeses que habían crecido viendo la serie televisiva *The Little Rascals*. Lo único que lo delataba eran sus delgadas piernas.

Había empezado a correr muy precozmente. De pequeño se había fugado de su primer hogar de acogida en Westfield, Massachusetts, saltando por la ventana de la sala de juegos, que daba a Franklin Street. Tenía seis años, un padre con mala salud de resultas de toda una vida de alcoholismo y una madre demasiado pobre como para criarlos a él y a su hermana. Con los años, se escaparía de otros muchos hogares de acogida y de varias familias tan afectuosas como inexpertas, hasta el punto de que salir corriendo de los sitios se convirtió para él en una segunda naturaleza.

En el instituto Tommy gravitó de forma natural hacia el atletismo, pero tras quedar penúltimo en las 100 yardas lisas concluyó que lo suyo eran las pruebas de larga distancia. Así empezó una larga historia de amor con el atletismo de fondo, el deporte gracias al cual logró mantenerse (relativamente) alejado de la bebida y los problemas. Durante la guerra de Corea sirvió en los marines, donde, entre otras hazañas, obtuvo el segundo lugar en una carrera *cross-country* del Primer Distrito Naval celebrada en el sur de Boston. Tras dejar el ejército, siguió corriendo una media de entre 55 y 65 kilómetros por semana. Según él, era «el mejor remedio del mundo para la resaca». Eran los años sesenta, y mientras los demás «se freían el cerebro» a base de ácido y marihuana, Tommy se enganchó al atletismo.

No era rápido, pero lo que le faltaba en velocidad lo compensaba en resistencia. Con el tiempo, llegaría a correr veintiséis maratones, veintidós de ellas en Boston. Sabía cuál era su ritmo y sabía divertirse. Otros corrían por el subidón de endorfinas; Tommy Leonard, por la cerveza. «Una carrera es como una fiesta callejera —dijo en cierta ocasión—. Al final de cada carrera, te espera una cerveza fría.»

Él mismo, de hecho, se dedicaba a servirlas en el Eliot Lounge, un antro mugriento situado en la esquina de las avenidas Commonwealth y Massachusetts, cerca de la zona de meta de la maratón de Boston y a pocas calles de Fenway Park, el estadio de los Red Sox. En 1972, el año en que Tommy fue contratado, en el local —decorado en un estilo que el *Boston Globe* describió como «buhardilla del abuelo»— reinaba un silencio tal que los dueños se pasaban el rato jugando al ajedrez en el bar. Años más tarde, Charles Pierce escribiría su necrológica en la revista *Sports Illustrated*:

> *Hubo una vez un lugar en el que nadie pestañeó siquiera la noche en que entró un caballo. El caballo se paseó entre los clientes del bar y fueron necesarias ocho personas para sacarlo, y aunque a nadie le pareció que el incidente tuviera nada de extraordinario, todo el mundo convino en que el caballo estaba bien educado. Hubo una vez un lugar en el que la banda Stanford entró tocando «Truckin'» y salió al son de «White Punks on Dope». Hubo una vez un lugar en el que*

Fuzzy Zoeller entró a tomar algo y acabó sirviendo copas hasta las cuatro de la noche [...]. Hubo una vez un lugar en el que un futuro oro olímpico se pasó la noche de la maratón de Boston mordiéndoles las posaderas a los extraños y tocando la trompeta.

Cuando Tommy entró a trabajar en él, el local todavía no había salido de su mala racha. Tommy cubría el turno de día y logró contagiar a ese improbable lugar su fervor por el atletismo. Su entusiasmo se derramaba por encima de la barra y confería a aquella lúgubre taberna un brillo acogedor.

Durante su primer año en el Eliot, Tommy se dedicó a servir cerveza gratis a todo aquel que corriera en la maratón de Boston. Como vivía cerca de la pista del Boston College, adonde a veces iba a entrenarse, no le costó conocer y trabar amistad con los miembros del Greater Boston Track Club (GBTC), a los que invitaba a tomar copas en el Eliot Lounge. Al poco tiempo, Bill Squires, el entrenador del GBTC se convirtió en una presencia habitual en el «rincón del entrenador» del bar, donde daba consejo a todo aquel que se lo pedía mientras Tommy se encargaba de que no faltara la cerveza.

El Eliot Lounge se convirtió en el bar de los corredores de Boston, el lugar donde se reunía la gente del mundillo, sobre todo después de la maratón de Boston. Más aún: se convirtió en el *sports bar* por excelencia, una suerte de Cheers *avant-la-lettre*. Cuando a Bill Lee, pícher de los Red Sox, le preguntaron qué le parecía enfrentarse a Don Gullett —candidato al Salón de la Fama del béisbol— en las Series Mundiales de 1975, respondió: «Que se vaya al Salón de la Fama; yo me voy al Eliot Lounge». Y cuando Bill Rodgers ganó la primera de sus cuatro maratones de Boston, declaró a la prensa: «Me voy al Eliot Lounge a tomar un ballena azul», un cóctel de curaçao azul, vodka y ron que se sirve con dos cerezas. Al igual que Disneylandia, el Eliot Lounge era el destino mágico al que los vencedores (y los perdedores) acudían a conmemorar sus proezas y a compartir su alegría con Tommy. Como dijo Bill Higgins en el *Cape*

Cod Times: «Vete a ver a Tommy y sonreirás, a menos que no tengas alma. Eterno optimista, él siempre ve el vaso de Guinness medio lleno».

El Eliot era el hogar de Tommy, pero como todo buen juerguista de Boston, también tenía un caladero de verano en el cabo Cod. El suyo era la taberna Brothers Four, con vistas al estrecho de Vineyard desde su privilegiado emplazamiento en Falmouth Heights. El bar era el punto de encuentro habitual de los universitarios que pasaban los meses de verano en la población. Junto con el casino, no solo animaba las calles de Falmouth Heights hasta altas horas de la noche, sino que mantenía ocupada a la policía, que no daba abasto encerrando a los borrachos y a los clientes que se metían en los jardines de los vecinos a orinar.

Fue en el Brothers donde, a primeras horas de la tarde del 10 de septiembre de 1972, Tommy puso en el televisor un deporte que pocos de sus clientes estaban interesados en ver: la maratón olímpica. La temporada alta había terminado y los turistas se habían ido, pero todavía quedaban los clientes habituales, y ese domingo por la tarde no era una excepción. Unos pocos elegidos resacosos ocupaban la barra. A pesar de la falta de interés de los parroquianos, Tommy cerró el bar y se negó a servir cerveza hasta que la carrera hubiera concluido. Hubo alguna que otra queja, pero nadie le dio mayor importancia. Tommy era un tipo agradable y su pasión por la maratón resultaba entretenida y contagiosa. Los comentarios con los que añadía una nota de color se fueron animando a medida que la carrera avanzaba y el estadounidense Frank Shorter se situaba a la cabeza. Ninguno de los presentes ese día en el bar comprendía por qué Tommy se exaltaba tanto viendo trotar a esos tipos, kilómetro tras kilómetro, pero todos admitían que era emocionante ver el emblema estadounidense en el pecho de Shorter. A cada kilómetro, aumentaba el entusiasmo. Parecía que el estadounidense iba a imponerse en la prueba culminante de la mayor competición atlética del mundo.

—¿Cuántos kilómetros corren? —preguntó alguien.

—Cuarenta y dos —respondió otro.

—Cuarenta y dos kilómetros y ciento noventa y cinco metros —puntualizó Tommy.

Para cuando Shorter entró en el Jardín Inglés, Tommy apenas podía contenerse. Tenía los nervios a flor de piel y era incapaz de quedarse quieto. A menos que se produjera una catástrofe inesperada, Estados Unidos iba a ganar su primer oro en la maratón en sesenta y cuatro años. Para Tommy, era como si la gloria recayera no solo sobre Shorter, sino sobre su deporte favorito, como si en todos los hogares, gimnasios y bares el momento estuviera viviéndose con esa misma expectación. Correr había sido su vida desde la infancia, y ver ganar a Shorter le hacía sentirse partícipe de su victoria. Una victoria que no se limitaba a esa carrera, sino que se hacía extensiva a todos esos años de sacrificio, a todo ese correr de un lugar para otro. Todo culminaba en ese preciso instante.

Cuando Shorter puso rumbo al estadio, la clientela del bar enloqueció. Los seguidores congregados en Múnich parecían más calmados, al menos hasta la aparición de Norbert Sudhaus en la pista del estadio. Entonces la gradería estalló. «¡Qué demonios!», exclamó Tommy, repitiendo las palabras de Erich Segal. La policía expulsó al intruso de la pista y, en el Brothers Four, los abucheos se convirtieron en vítores (contrariamente, en el estadio, los vítores se convirtieron en abucheos). Entonces apareció Shorter, y Tommy aferró la barra con tanta fuerza que se hizo daño en los dedos. El enjuto Shorter recorrió los últimos trescientos metros esprintando; la sonrisa de su rostro revelaba un secreto que tanto él como Tommy conocían. Una carrera podía detener el tiempo, elevar el espíritu y traer alegría al corazón más oscuro. Una carrera podía cambiar el mundo.

Cuando todo hubo acabado, Tommy tenía la cara enrojecida y la frente sudada como si hubiera sido él quien había corrido la maratón. «Qué cansancio», dijo, y los clientes se echaron a reír. Aun sin pretenderlo, Tommy siempre los hacía reír.

Tommy se sumó a las risas de amigos y clientes. Más tarde, esa misma noche, se dijo: «Sería fantástico que Frank Shorter disputara una carrera en Falmouth». Y la idea se convirtió en su sueño.

A pesar de la medalla de oro de Shorter, ese año el corredor más famoso de Estados Unidos fue un caballo. *Secretariat*, un hermoso semental zaino de dieciséis manos de altura, ganó la Triple Corona por primera vez en veinticinco años. El animal podría haber vencido fácilmente a Frank Shorter en la milla, pero no habría tenido nada que hacer contra él en la maratón.

Mientras *Secretariat* galopaba por los hipódromos y Shorter trotaba por el asfalto, un allanamiento frustrado en el edificio Watergate amenazaba el segundo mandato del presidente Richard Nixon. Tras los hechos, H. R. Haldeman y John Ehrlichman, dos de sus hombres de confianza, fueron obligados a dimitir, y Nixon despidió al consejero de la Casa Blanca John Dean. Más tarde ese mismo año, durante la «masacre del sábado noche», el presidente destituyó al fiscal especial Archibald Cox, lo cual motivó las renuncias del fiscal general Elliot Richardson y del fiscal general adjunto William Ruckelshaus. El vicepresidente Spiro Agnew dimitió por unas acusaciones de corrupción sin relación con el Watergate, y Richard Nixon pronunció su famoso: «*I'm not a crook*» (no soy un sinvergüenza), afirmación que pronto se demostraría incorrecta.

Ese mismo año, el Tribunal Supremo resolvió el caso Roe contra Wade afirmando el derecho constitucional de las mujeres a abortar, decisión que seguramente marcó el punto álgido del activismo liberal del tribunal. En mayo, manifestantes armados ocuparon la población de Wounded Knee, en Dakota del Sur, para protestar por el trato que el Gobierno de Estados Unidos dispensaba a los nativos americanos. Setenta y un días y varias muertes después, ambas partes acordaron dejar las armas. Para entonces, el asedio se había ganado la atención del país entero gracias a Marlon Brando, que había enviado a Sacheen Littlefeather vestida de apache para que rechazara en su nombre el Oscar concedido por *El padrino*, en protesta por el trato de los nativos americanos y su representación en el cine de Hollywood.

Allende los mares, Estados Unidos daba al fin por concluida su intervención militar en Vietnam, aunque todavía habían de pasar dos años para que Vietnam del Norte tomase Saigón y la guerra se diera oficialmente por terminada. El secretario de estado Henry Kissinger fue galardonado con el premio Nobel de la Paz por su papel en el decreto de un alto el fuego, distinción que desató la indignación popular y produjo la dimisión de dos miembros del Comité del Nobel. El día de Yom Kipur, Siria y Egipto atacaron Israel, asestando un duro golpe al aura de superioridad militar del país hebreo, que duraba desde su victoria en la guerra de los Seis Días de 1967. A consecuencia del apoyo militar estadounidense a Israel, la OPEC suspendió el suministro de petróleo a Estados Unidos, medida que provocó la primera (que no la última) subida de los precios de los carburantes y cambió para siempre el equilibrio de poderes en Oriente Próximo.

Pese a la vorágine política y económica, las artes florecían. Thomas Pynchon publicaba su obra maestra, *El arco iris de gravedad*; una joven llamada Toni Morrison publicaba su segunda novela, *Sula*, candidata al National Book Award, y Kurt Vonnegut, *El desayuno de los campeones*. Los directores Martin Scorsese y George Lucas anunciaban su entrada en escena con *Malas calles* y *American Graffiti*, y la sala punk CBGB abría sus puertas en el East Village neoyorquino, dando pie a un prolífico periodo de experimentación musical.

Mientras tanto, en las carreteras empezaba una revolución silenciosa abanderada por unos hombres que de revolucionarios tenían más bien poco y, poco después, por unas mujeres que más bien lo eran mucho. De puertas afuera, podía parecer que corrían para huir del futuro, pero en realidad corrían en pos de él.

El campo Guy Fuller, situado detrás del centro de deportes, en el centro de Falmouth, tenía un solo árbol. Fue ahí donde Lucia Carroll se sentó en un banco a ver cómo John, su marido, entrenaba a Tammy Hennemuth, que se había clasificado para las 440 yardas lisas de los Junior Olympics. Hacía calor, el árbol ofrecía poca sombra, y la pista de carbonilla en la que corría Tammy levantaba nubes de polvo negro a cada zancada.

John había descubierto a Tammy durante su primer año de instituto, un día en que esta caminaba por el campo de la escuela. Tenía aspecto atlético y jugaba a hockey, a baloncesto y a tenis. Su hermano practicaba atletismo, pero a ella nunca le había llamado la atención. «¡Oye! —le dijo John—. ¿Te gustaría correr *cross-country*?» Era la primera vez que la fichaban para algo, y le llamó la curiosidad, aunque, sobre todo, lo que quería era dejar de ir a catequesis para la confirmación, así que aceptó.

Enseguida vio que John se tomaba los entrenamientos muy en serio. Antes de cada carrera, el equipo analizaba a los rivales y debatía estrategias y ritmos. Al terminar, se discutían los aspectos más relevantes y se analizaban los errores y puntos débiles. John asignaba a cada chica del equipo un programa de entrenamiento personalizado y él mismo las supervisaba. Los fines de semana que había carrera programaban entrenamientos adicionales —de modo que podían llegar a correr cinco o seis pruebas en un solo sábado— con el fin de prepararse para las citas más importantes, como las competiciones nacionales o los campeonatos de la AAU. Lo hacían todo menos ver grabaciones de las carreras, y solo porque a John el presupuesto no le alcanzaba para contratar a un cámara.

John Carroll había sido tricampeón estatal de 800 metros cuando iba al instituto. Su amplio torso, sus fuertes brazos y sus gruesas caderas parecían hechas para correr: pura velocidad y tesón, una combinación capaz de poner a prueba la resistencia de cualquier rival. Carroll asistió al Boston College con una beca de atletismo. Su paso por la universidad fue productivo, aunque poco destacable, y tras licenciarse viajó a Bagdad, donde pasó dos años enseñando inglés a estudiantes iraquíes en un instituto privado de los jesuitas.

Pese a todo, todavía llevaba el atletismo en la sangre. Le encantaba la sensación de velocidad, la aceleración al salir de la curva, el sonido de las zapatillas de clavos contra el suelo, el tacto del codo rozando las costillas. En Europa, pasó una temporada con Will Cloney, el legendario director de la maratón de Boston, que por entonces tenía a su cargo al equipo de atletismo de Estados Unidos. Ahí conoció a deportistas olímpicos como Billy Mills y Tom Farrell, y comprobó que las mujeres europeas se entrenaban en pistas y parques, algo que nunca había visto en Estados Unidos. Esa breve experiencia dejaría en él una profunda huella.

A su retorno a Estados Unidos, encontró trabajo a tiempo parcial como entrenador en un colegio público de Hartford, Connecticut, donde conoció a una joven morena llamada Lucia Bonaiuto. Un año más tarde, se casaron. En otoño de 1971, la pareja se mudó a Falmouth, donde John se dedicó a la enseñanza del inglés y a entrenar al equipo de atletismo, y Lucia al desempeño de distintos cargos de oficina. Atletismo significaba por entonces atletismo «masculino», ya que el instituto de Falmouth no contemplaba un programa para chicas. A la administración del centro no se le había ocurrido que las chicas pudieran estar dispuestas a someterse a los rigores de la pista oval, y nadie quería responsabilizarse del daño que ello pudiera ocasionarles en músculos, huesos y ovarios.

John no quería problemas, pero había visto correr a las mujeres en Europa y sabía que eran tan competitivas, entregadas y entusiastas como los hombres. También sabía que eran rápidas. Lo que ocurrió a continuación fue más producto de su amor por el deporte que de sus simpatías feministas.

Al otoño siguiente, reclutó a doce muchachas para correr *cross-country*. A la temporada siguiente, el equipo contaba ya con treinta. Pese a las reticencias de la dirección del centro, las chicas se entrenaban con los equipos de atletismo masculinos y corrían tanto en pista como al aire libre. John les encontraba competiciones en lugares lejanos, tanto que a veces tenían que conducir seis o siete horas para disputar una carrera. Las muchachas estudiaban y dormían en los asientos traseros y en el suelo de su furgoneta Volkswagen. Aunque no había muchas carreras para mujeres de distancia superior a ochocientos metros (los Juegos Olímpicos ni siquiera incluyeron la milla femenina hasta 1972), John les hacía correr largas distancias y ponía a sus esprínters a correr *cross-country*. Él corría con ellas, y a las que se rezagaban las amenazaba con echarlas, lo que las animaba a mantener el ritmo. Después de los entrenamientos, las acompañaba a casa en coche, por lo que a menudo llegaba tarde a cenar. Cuando se desplazaban a la zona de Nueva York, se alojaban en casa de los padres de Lucia, en Connecticut, y ella cocinaba para el equipo. Cuando iban a la pista del Armory, en el barrio neoyorquino de Washington Heights, les explicaba cómo utilizar los codos para evitar que las sacaran de la vieja pista de madera, y cuando se caían, las ayudaba a arrancarse las astillas de las rodillas.

En pocos años, logró reunir un grupo de atletas competitivas. Sin John, nunca habrían sabido hasta dónde podían llegar. Johanna Forman ganó la milla nacional *indoor* en la categoría de institutos y marcó el tercer mejor tiempo en la historia de la carrera Van Cortland de Nueva York en categoría júnior; Tammy Hennemuth formó parte del equipo de relevos de la milla que batió el récord nacional en categoría de institutos, y Nancy Robinson se clasificó y corrió en el campeonato nacional de 400 metros. Compitieron contra algunas de las mujeres que se convertirían en las grandes estrellas del atletismo estadounidense, como Judi St. Hilaire, Joan Benoit o Lynn Jennings. Jamás dudaron de sí mismas, porque John les decía que eran capaces de cualquier cosa que se propusieran. Él lo creía, y ellas también, y las lecciones que aprendieron a su lado no las olvidaron nunca en la vida.

Lucia estaba orgullosa de su marido y del empeño de este por hacer triunfar a las chicas. Sabía que no las mimaba; las entrenaba como si fueran atletas profesionales, con sesiones más largas y duras de lo habitual, y las muchachas respondían. Tammy

Hennemuth, por ejemplo, carecía del talento innato de Johanna Forman, pero trabajaba como un caballo de carga. Hacía todo lo que John le pedía y más. Tenía agallas y determinación, y se tomaba las derrotas como una razón para esforzarse más. John fomentaba esos valores —sabía que para ganar no bastaba con tener buenos genes— y siempre las animaba a correr un kilómetro, una vuelta, una carrera más.

El tipo grande y sudoroso sentado junto a Lucia en el banco también estaba impresionado. Le preguntó si el que entrenaba a la muchacha era su marido. Lucia dijo que sí y sacó a relucir algunos de los logros de Tammy. Cuando mencionó los Junior Olympics, Tommy Leonard se puso a hablar de la victoria de Shorter en los Juegos Olímpicos de Múnich. Dijo que quería organizar una maratón que fuera desde Woods Hole a Falmouth, desde la puerta del Captain Kidd a la del Brothers Four.

—Eso no es una maratón —observó Lucia.

—No sé cómo organizar algo así —dijo Tommy, a quien los números no preocupaban demasiado—. ¿Cree que su marido podría ayudarme?

Pese al sudor que le resbalaba por la frente y su rostro enrojecido, Tommy parecía inofensivo, como un duende de Santa Claus que se hubiera quedado atrapado en una bicicleta estática. Por lo demás, aquello sería pan comido para John, que ya había organizado varias jornadas de atletismo a las que acudían más de setecientos adolescentes revolucionados. «Por supuesto», respondió ella, involucrando así a su marido en el sueño de aquel tipo parlanchín.

Tras el entrenamiento, Lucia los presentó. Tommy hablaba de la victoria de Shorter como si la estuviera viviendo. Quería hacer algo por los muchachos de Falmouth: crear su propia carrera para inspirarlos. John pensó que sería una buena manera de recaudar dinero para el equipo femenino de atletismo. O quizá fuera idea de Tommy; con el tiempo, ninguno de los dos lo recordaría a ciencia cierta. Acordaron que John reuniría a los miembros del equipo de pista para que los ayudaran con las inscripciones y la logística, mientras que Tommy haría correr la voz entre los corredores de fuera de Falmouth. Finalmente, se dieron la mano sin saber muy bien en qué se habían metido.

Las carreras en asfalto consideradas como deporte y excusa para beber tienen una historia larga y no siempre ilustre. Las carreras más antiguas de que se tiene constancia tuvieron lugar en Sumeria hacia el año 2035 a. C. Los participantes eran mensajeros e iban seguidas de sacrificios de animales. Cuando empezaron a celebrarse los Juegos Olímpicos de Grecia, en el año 776 a. C., consistían tan solo en carreras de doscientos metros. En 720 a. C., se les añadió una carrera de cuatrocientos metros y una prueba de fondo de unos cinco kilómetros. La maratón, pese a tener sus orígenes en la antigua Grecia, nunca llegó a formar parte de las olimpiadas. Las carreras se corrían a pie descalzo y sin ropa, lo que probablemente explique su progresivo declive en tiempos de la decorosa Roma, para cuyos habitantes correr suponía una pérdida de tiempo siempre y cuando no formara parte del adiestramiento militar.

En la *Ilíada*, Homero brinda el primer testimonio de guerra psicológica aplicada al atletismo: «El hijo de Peleo sacó otros premios para la velocidad en la carrera. [...] [Áyax] se adelantó a los demás, aunque el divino Odiseo lo seguía de cerca [...], pisaba las huellas de aquel antes de que el polvo cayera en torno de las mismas y le echaba el aliento a la cabeza, corriendo siempre con suma rapidez».[1] Al final, Áyax se distrae, resbala con estiércol de buey y pierde la carrera.

En la Edad Media, las carreras a pie formaban parte de distintos tipos de celebraciones. Se disputaban carreras de sacos y de carretas, así como carreras de judíos, ancianos y prostitutas. A finales del siglo XVIII y principios del XIX, la aristocracia se aficionó a apostar a cuán rápido sus lacayos podían cubrir determinadas distancias,

1. Traducción (adaptada) de Luis Segalá y Estalella: *Ilíada*, Madrid, Espasa Calpe, 1994.

ya fuera corriendo o a paso de marcha. Las clases trabajadoras no tardaron en apropiarse de esa práctica, que pasó a llamarse «peatonismo» (*pedestrianism*). Algunos de los peatonistas más famosos, como el capitán Robert Barclay Allardice, se entrenaban a conciencia para competir. En 1808, el capitán Barclay logró recorrer mil millas en mil horas, caminando una milla por hora y durmiendo no más de una hora y media en distintos momentos a lo largo de casi cuarenta y un días. Uno de los rivales más célebres de Barclay fue Abraham Wood, quien, según el historiador Edward Sears, apostó en cierta ocasión a que era capaz de «cazar un pato, desplumarlo, asarlo, comérselo y correr una milla en cinco minutos». Wood recorrió la milla en 4:56, tras remojar el pato con un litro de cerveza, ganando así la apuesta.

El método de entrenamiento de Barclay quedó atestiguado por Walter Thom en el que es el más antiguo tratado sobre las carreras a pie, publicado en 1813. Según Thom, el peatonista debía levantarse a las cinco de la madrugada, y a continuación:

1. Correr media milla cuesta arriba a velocidad máxima.
2. Caminar seis millas a paso moderado.
3. Desayunar hacia las siete de la mañana (filete de ternera y chuletas de cordero con pan duro y cerveza añeja).
4. Caminar seis millas a paso moderado.
5. Echarse en la cama sin ropa durante media hora.
6. Caminar cuatro millas.
7. Cenar a las cuatro de la tarde (filete de ternera y chuletas de cordero con pan y cerveza, lo mismo que para el desayuno).
8. Inmediatamente después, correr media milla a velocidad máxima.
9. Caminar seis millas a paso moderado.
10. Irse a la cama a las ocho y repetir el proceso al día siguiente.

Si bien las virtudes de correr media milla al esprint con la barriga llena de filetes y cerveza son más bien cuestionables, representa un paso adelante con respecto a la costumbre de extirparse el bazo, práctica habitual durante los siglos XVII y XVIII, nacida de la creencia de que dicha víscera suponía un obstáculo para la velocidad.

La moda peatonista y la popularidad del capitán Barclay contribuyeron al auge de las carreras como deporte de competición. La mayor parte de estas se corrían por dinero, con patrocinadores que apostaban cada cual por su campeón. Las pruebas se disputaban en recintos feriales y circuitos cerrados, y la asistencia solía ser de pago. Con las mejoras en materia de relojería y agrimensura, surgió la posibilidad de disputar contrarrelojes y registrar récords que otros atletas intentarían batir.

Estados Unidos no tardó en subirse a la ola. En 1835, John Cox Stevens, un famoso criador de caballos de carreras, prometió mil dólares a quien pudiera correr diez millas (dieciséis kilómetros) en menos de una hora. Al reto acudieron solo nueve competidores, pero atrajo la atención de un gran número de espectadores. Henry Stannard, un granjero de Connecticut, se hizo con el premio y le sobraron dieciséis segundos. Acto seguido, a modo de primitiva vuelta de honor, saltó a lomos de un caballo y galopó por el circuito. La carrera inspiró a multitud de imitadores, entre ellos uno que puso a competir a estadounidenses contra irlandeses e ingleses en una carrera que reunió a treinta mil espectadores.

Las carreras ganaron popularidad en colegios y universidades, y tanto Oxford como Cambridge formaron equipos para competir entre ellas. No obstante, los estudiantes se mostraban reticentes a la hora de enfrentarse a los «profesionales», la mayor parte de los cuales provenía de las clases obreras y bajas. De ahí nació el concepto de corredor «aficionado» como atleta que no compite por dinero y que no se gana la vida con el deporte. El cisma entre profesionales y aficionados se prolongó a lo largo del siglo XX y llevó a que muchos atletas tomaran medidas desesperadas para camuflar sus ganancias con el fin de ganarse la vida.

A finales del siglo XIX ya existían carreras de todas las distancias a ambos lados del Atlántico, incluida una carrera de seis días para mujeres que se celebraba en el Madison Square Garden. A las participantes se las obligaba a vestir incómodos trajes de terciopelo y la mayoría iban calzadas con botas o zapatillas de baile. Bertha Von Berg, que caminó y corrió un total de 598 kilómetros, ganó la prueba inaugural. Al año siguiente, Amy Howard obtuvo la victoria con un total de 658 kilómetros, un récord que tardaría ciento dos años en batirse. Durante una época, las carreras de seis días hicieron furor, y en algunas incluso competían caballos contra hombres. Durante una célebre prueba celebrada en Chicago, Michael Byrne venció al caballo *Speculator*, que murió en su establo al día siguiente. En el tiempo en que Byrne recorrió 930 kilómetros, su contrincante equino solo logró cubrir 906.

Gracias a ese renovado interés por el atletismo, los Juegos Olímpicos resurgieron de nuevo en 1896 de la mano del barón francés Pierre de Coubertin, que los concibió como un medio para fomentar la fraternidad y la paz mundial. Hasta entonces, la mayoría de carreras se medían sobre la base de la yarda británica, pero los franceses empleaban el sistema métrico, de aquí que las 220 yardas inglesas se convirtieran en los 200 metros, las 440 en los 400 y las 880 en los 800. La diferencia de longitud entre las 220 yardas y los 200 metros era insignificante, por lo que la conversión no supuso un gran inconveniente. Distinto fue el caso de la milla, que se convirtió en los 1.500 metros, unos ciento diez metros menos, y de las 100 yardas lisas, que se convirtieron en los 100 metros lisos, un aumento de casi un diez por ciento. La milla sobrevivió como competición independiente debido al interés por romper la barrera de los cuatro minutos, pero las 100 yardas lisas no.

La distancia de la primera maratón se fijó en cuarenta kilómetros en honor a la antigua Grecia. El recorrido iba de Maratón a Atenas, imitando de forma aproximada el itinerario seguido por Filípides para anunciar la victoria de los atenienses. Compitieron veinticinco participantes, veintiuno de ellos griegos. El vencedor fue Spiridon Louis, con un tiempo de 2:58:50. Por sus esfuerzos, le prometieron «ropa nueva, un afeitado gratuito, dos tazas de café de por vida, una cena al día durante un año y coladas gratuitas durante el resto de su vida».

La primera maratón estadounidense tuvo lugar al octubre siguiente. La ruta iba de Stamford, Connecticut, hasta el Columbus Circle de Nueva York, y el ganador fue el neoyorquino J. J. McDermott. El 19 de abril de 1897, se celebró la primera maratón de Boston, con quince participantes. Pese a detenerse en cinco ocasiones (una de ellas para ver un cortejo fúnebre que pasaba por Massachusetts Avenue), McDermott repitió victoria y perdió 4,5 kilos durante la carrera. Tras la prueba, juró no volver a correr, diciendo que «detesto que me tachen de cobarde y poco perseverante, pero miren cómo tengo los pies».

Al año siguiente, repitió y quedó cuarto.

El miércoles 15 de agosto de 1973, día del cuadragésimo cumpleaños de Tommy Leonard, a las doce del mediodía, se celebró la primera «maratón de Falmouth». Noventa y tres corredores se apelotonaron ante la puerta del Captain Kidd en Woods Hole para cubrir las 7,3 millas (11,7 kilómetros) que los separaban del Brothers Four, en Falmouth Heights. Un artículo aparecido en el *Falmouth Enterprise* prometía una «atracción veraniega» destinada a «promover la mejora de la forma física». Durante el trayecto, continuaba el artículo, «los corredores recibirán de manos de las voluntarias vasos de papel con Gatoraid [*sic*], una bebida de limón que contiene glucosa y sales, muy popular entre los corredores de la maratón [de Boston]». El rotativo destacaba también que «un socorrista de Surf Drive se ha comprometido a dar aviso a los bañistas en cuanto los corredores se acerquen. La guardia costera se sumará a las celebraciones que tendrán lugar en la línea de meta disparando bengalas desde una de sus embarcaciones fondeada frente a la costa». Algunos de los corredores, aseguraba seriamente el periódico, «se han tomado la carrera tan en serio que han dejado los cigarrillos y la cerveza hasta después de cruzar la línea de meta».

El director de la nueva concejalía de recreo, Rich Sherman, puso su granito de arena imprimiendo carteles y facilitando los permisos. Al igual que John Carroll, Sherman era un antiguo corredor de media distancia que había sucumbido al carisma de Tommy. Una carrera era la cosa más indicada para la canícula de agosto, esas calurosas y sofocantes semanas en que la proximidad del día del Trabajo (primer lunes de septiembre en Estados Unidos) proyecta su sombra sobre la alegría estival. Tommy auguraba una nutrida asistencia, con cerveza, perritos calientes y una fiesta de fin de carrera. Rich, un tipo esbelto y de cuadrada mandíbula, estaba en buena forma y se animó a participar. Sería un modo agradable de olvidarse de las partidas de bingo, los torneos de tenis de mesa y el resto de actividades de que solía ocuparse.

La fuerte lluvia empañó las celebraciones programadas, pero tal vez evitó que los corredores sufrieran un golpe de calor. Tommy estuvo a punto de perderse la carrera al quedarse atascado con el coche bajo un metro de agua. Finalmente, los más osados se colocaron en la línea de partida, donde John Carroll les dictó las instrucciones preliminares. Cuando hubo terminado, se hizo a un lado con el paraguas, levantó la pistola y gritó: «¡Preparados!».

Tras el pistoletazo de salida, los corredores arrancaron salpicándolo todo. Estaban calados hasta los huesos, pero por lo menos el día era templado. Los pocos vecinos que acudieron a presenciar el espectáculo pensaron que estaban locos. En cualquier caso, los habitantes de Woods Hole estaban acostumbrados a las extravagancias: en el desfile del 4 de julio era habitual ver a estudiantes de posgrado disfrazados de fotosíntesis o de mitosis. Un puñado de hombres y mujeres de carnes magras, empapados y medio desnudos no era para tanto. Los corredores cruzaron el puente levadizo, pasaron por delante de la oficina de correos, subieron la primera loma, doblaron por la biblioteca y se perdieron de vista.

Treinta y nueve minutos y dieciséis segundos después, David Duba, estudiante de último curso de la Universidad de Michigan Central, fue el primero en cruzar la línea de meta. Se había enterado de la carrera la noche anterior mientras tomaba unas cervezas con los amigos. Gracias a ello, se convirtió en una nota al pie en la historia del *boom*. Tommy Leonard quedó decimotercero. Rich Sherman, que no había llegado a conocer a John Carroll, su codirector, antes de la carrera, quedó en el puesto número treinta, con un tiempo de 50:30.

La fiesta continuó en el Brothers Four. Llegó el momento de los premios: una licuadora, cuatro vasos de chupito y un cupón de regalo para el Clam Shack. La lluvia cesó, salieron las estrellas y, doce horas más tarde, el festejo seguía por todo lo alto. Se bailó el *jitterbug* y se cantó «*I believe in music / I believe in love*» (creo en la música, creo en el amor). El final perfecto para un día perfecto; y para Tommy Leonard, un gran regalo de cumpleaños de parte de toda la ciudad de Falmouth. Solo había una cosa que lo hubiera hecho más feliz, pero el campeón olímpico estaba ocupado comprando libros y matriculándose en la universidad. Para Frank Shorter, el último curso de la facultad de derecho era más importante que una carrera entre semana en una localidad anónima del cabo Cod, Massachusetts.

Bill Rodgers derrotando a Marty Liquori en la carrera de Falmouth de 1974.
Cortesía de la Falmouth Historical Society

4

«WILL ROGERS» Y EL COCHE PERDIDO (1974)

Cada carrera, cada paso, es un viaje, y una vez te has puesto en marcha, nada puede detenerte.

BILL RODGERS

Los miembros del Greater Boston Track Club se reunían en el Eliot Lounge después del entrenamiento de los martes y los jueves en el Boston College. Tommy Leonard se encargaba de que la cerveza corriera mientras el entrenador Bill Squires pontificaba desde su rincón: que si esta carrera, que si la otra; que si tal campeón, que si tal otro. Eran los peces más chicos de un estanque diminuto, pero eso no los desanimaba.

Bill Rodgers escuchaba, pero no decía gran cosa. Acababa de volver de un desastroso viaje a California fruto de su desastroso estreno en la maratón de Boston. La poca familiaridad con la distancia y las altas temperaturas lo habían obligado a abandonar la carrera tras recorrer una treintena de kilómetros. Rodgers achacaba al calor la culpa de su mal rendimiento, de modo que él y su novia, Ellen Lalone, decidieron instalarse en California para entrenarse en un clima más cálido. Cruzaron el país en furgoneta, pernoctando en áreas de descanso, hasta llegar a Pasadena, pero enseguida se dieron cuenta de que habían tomado la decisión equivocada. No tenían dinero ni alojamiento, y Rodgers detestaba los coches, la gente y hasta el tiempo. A los dos días, dieron media vuelta y regresaron a Boston.

Durante seis meses vivieron gracias a vales de comida, hasta que por fin Rodgers encontró trabajo como asistente de discapacitados. Llevaba un tiempo entrenándose con la Boston Athletic Association, cuyo entrenador, Jock Semple, ostentaba el dudoso honor de haber intentado expulsar a Kathrine Switzer de la maratón de Boston de 1967, exclusiva para hombres. (El novio de esta lo apartó de un empujón y Switzer pudo terminar la carrera.) De vez en cuando salía a correr con sus amigos del GBTC y al poco tiempo se incorporó al equipo. Sin embargo, a finales de 1973 todavía no estaba oficialmente inscrito en el club, así que cuando iba al Eliot mataba el tiempo con una cerveza y dejaba hablar a los demás.

Esa pasividad no iba con Rodgers. De pequeño se pasaba horas en el parque cazando mariposas tigre, vanesas y almirantes blancos. Le encantaba corretear por los prados y sentir la hierba bajo los pies descalzos. Era un niño delgado, de ojos azules y pelo rubio, que se pasaba el tiempo cayéndose de morros al suelo. Cuando no corría, jugaba a fútbol americano, cazaba ardillas y patos con balines, se iba a robar pelotas a un campo de golf cercano y maíz en los campos de los alrededores o salía de excursión por el bosque con los amigos. En el colegio, le costaba concentrarse y solía pasarse el día mirando distraídamente por la ventana, a la espera de que acabase la clase para salir y moverse.

Durante el segundo año de instituto, descubrió que era el millista más rápido de su clase. Poco después, se apuntó al equipo de *cross-country* y atletismo en pista, donde registró tiempos de 4:28 en la milla y de 2:07 en la media milla, marcas notables a escala local, pero insignificantes a nivel nacional. En realidad, era perezoso. Cualquier excusa valía para no entrenarse: un resfriado, la lluvia, una cita con el peluquero. Como mucho, corría entre tres y cinco kilómetros al día, pero la mayor parte del tiempo la dedicaba a hacer series cortas en pista. Ya entonces, muchos lo tomaban por loco cuando lo veían correr por el barrio. En 1963, nadie salía a correr; a excepción de en los Juegos Olímpicos, la gente solo corría para tomar un tren o escapar de la policía. Rodgers disfrutaba corriendo, pero no soportaba las carreras y detestaba las competiciones. Como el toro Ferdinando, prefería pasarse el día retozando entre las flores.

Cuando ingresó en la Universidad Wesleyana de Middletown, Connecticut, correr no entraba en sus planes. La Wesleyana era una universidad pequeña, con solo mil cuatrocientos estudiantes de licenciatura y doscientos cincuenta de posgrado, pero su elevada nota de corte la convertía en uno de los centros más competitivos del país, y, junto con el Williams College y el Amherst College, integraba la liga de las Little Three, un grupo de universidades conocidas por su excelencia académica, pero no por su calidad deportiva. Como miembros de la División III de la NCAA, tenían prohibido conceder becas de deportes, por lo que sus prospectos se centraban más en el nivel de las clases que en el tamaño del gimnasio. Nadie se hacía ilusiones de que los estudiantes de las Little Three pudieran llegar a otra cosa que a médicos, abogados o banqueros. El número de sus licenciados que se habían convertido en deportistas profesionales podía contarse con los dedos de las dos manos.

Sin embargo, en 1968 un estudiante de último año de la Wesleyana llamado Amby Burfoot ganó la maratón de Boston. Fue una victoria extraordinaria, tanto más impresionante por el hecho de que Burfoot era básicamente autodidacta. El entrenador de atletismo en pista de la universidad era un exjugador de béisbol de los Detroit Tigers que tenía una escupidera en el despacho. Burfoot corría más de ciento cincuenta kilómetros por semana, entrenándose dos veces al día. Todo lo que sabía lo había aprendido del entrenador de su instituto de Groton, Connecticut, que tiempo atrás también había ganado la maratón de Boston. Bajo su tutela, Amby se había convertido en la sensación del Fitch Senior High School, y en su último año llegó a ganar el campeonato estatal de la doble milla.

Rodgers había competido contra el hermano menor de Amby en Connecticut y generalmente había salido airoso, por lo que los Burfoot lo consideraban *persona non grata*. No ayudó a su reputación el hecho de que, a principios del primer curso, Rodgers batiera el récord de *cross-country* de la universidad. A la semana siguiente, Burfoot volvió a batirlo. No estaba dispuesto a dejar que un novato le arrebatara la corona. Con el tiempo, sin embargo, la afición pudo más que la sangre: ambos se hicieron amigos inseparables y la influencia de Burfoot tuvo un papel crucial en la vida de Rodgers, al menos tal y como este la contaba.

Burfoot tenía de aplicado y metódico lo que Rodgers de errático y desorganizado. Además de sus dobles sesiones de entrenamiento, Burfoot corría cuarenta kilómetros todos los domingos por la mañana. Rodgers se quedaba en la cama, a menudo con resaca tras una noche de copas y cigarrillos, pero lograba levantarse a tiempo para correr con él los últimos quince kilómetros por el campus. En una ocasión, llegó a correr incluso los cuarenta kilómetros completos. Era consciente de que le faltaba la fuerza de voluntad de Amby, y seguramente también su talento, pero correr lo animaba y lo hacía sentirse mejor.

La victoria de Burfoot en la maratón de Boston de 1968 apenas tuvo efectos inmediatos sobre Rodgers. De hecho, el acontecimiento no tuvo cobertura televisiva y apenas si se comentó en unos pocos artículos de periódico. La maratón era una prueba ardua que se celebraba en una ciudad fría, y a pesar de su pedigrí, seguía siendo un evento para iniciados. Rodgers no soñaba con correrla, y mucho menos con lograr una buena marca, pero la victoria de su amigo acabó alojándose en su subconsciente. En su opinión, Burfoot todavía jugaba en otra liga, pero la idea de que su compañero de entrenamientos pudiera ganar en Boston plantó una semilla de la que, con el tiempo, brotaría un campeón.

Rodgers tenía talento, pero corría por correr. Se entrenaba con Amby y competía con el equipo, pero no se esforzaba más de lo necesario. Ni se desvivía ni pensaba a largo plazo. Aunque sus padres eran maestros, sus ambiciones no iban más allá de divertirse, correr de vez en cuando, fumar cigarrillos y dormir hasta tarde. Con los estudios era tan descuidado como con el deporte, y no mostraba deseo alguno de seguir los pasos de sus compañeros de clase. En su opinión, «hay demasiada gente que se deja llevar en exceso por el lado intelectual de la vida». Para él, la inteligencia era a su lado. Sobrevivía gracias al dinero prestado y las magras ganancias de Ellen, lo cual resultaba humillante y hería su orgullo viril. Rodgers sabía que necesitaba algo para no caer en la depresión y poner orden en su vida. Así pues, volvió a correr; según él, porque «era lo único que sabía hacer y no me quedaba otra cosa».

Como no tenía dinero, corría en vaqueros y con camisetas hechas harapos. Sus hábitos alimentarios siempre habían sido excéntricos —bizcocho con kétchup, pizza con mayonesa, tocino con mantequilla de cacahuete—, por lo que no tenía nada de especial verlo en una cafetería atiborrándose de panecillos. Se inscribió en la YMCA de su zona y empezó a correr por la pequeña pista del recinto, donde había que dar doce vueltas para completar una milla. El suelo estaba inclinado y era irregular, pero no le importaba. Ahí podía abandonarse a la monotonía y correr ciento veinte vueltas por sesión, hasta sudar la última gota de nicotina y desesperanza.

Al poco tiempo empezó a correr alrededor del lago Jamaica, en el barrio de Jamaica Plains de Boston. Cada vuelta equivalía a 2,5 kilómetros, y en ocasiones corría hasta catorce. El hecho de que en una ciudad como Boston, con los senderos del río Charles y las colinas de Newton, alguien prefiriera correr dando vueltas a un pequeño lago urbano era un síntoma del trastorno de déficit de atención por hiperactividad (ADHD, por sus siglas en inglés) que más tarde Rodgers admitiría sufrir. Aunque a menudo lo describían como ausente y desorganizado —el director de carrera de la maratón de Boston dijo en una ocasión que Rodgers podía dar gracias de que el recorrido tuviera tan solo cinco curvas—, uno de los síntomas comunes del ADHD es precisamente la hiperconcentración. Las personas que sufren este trastorno a menudo son incapaces de pasar de una tarea que consideran agradable a otra, y pueden permanecer horas inmersas en lo que están haciendo. Los atletas suelen llamar a este tipo de hiperconcentración «estar en la zona».

El ADHD también explicaría la preferencia de Rodgers por los recorridos largos y monótonos y su aversión a la velocidad. Correr a intervalos cortos exige arrancar y parar de continuo, correr a paso regular y mirar el cronómetro, cosas a las que alguien que detesta las transiciones y le cuesta organizarse se resiste. Por eso, a diferencia de Frank Shorter y Alberto Salazar, Rodgers nunca estuvo entre los diez mejores corredores de 5.000 o 10.000 metros, y por eso su mejor tiempo en la milla era solo de unos pocos segundos menos que su tiempo medio por milla en la maratón.

Sin embargo, en asfalto, Rodgers era imparable. Menos de un año después de su regreso al atletismo, terminó tercero en una carrera de veinte millas que ganó Amby Burfoot. Al mes siguiente, quedó segundo en el campeonato de treinta kilómetros de la AAU de Nueva Inglaterra, y pocas semanas más tarde, ganó una carrera de doce millas con un tiempo inferior a sesenta minutos, menos de cinco minutos por milla de media. Viéndolo en la carretera, alguien podía pensar que podía salir volando con un golpe de viento. Llevaba el pelo largo, caminaba con paso desmadejado, medía un metro ochenta y pesaba unos cincuenta y nueve kilos. Cuando corría, metía los pies ligeramente hacia dentro y meneaba la cabeza como una gallina. Sin embargo, tenía una zancada veloz y su estatura era ideal en las distancias largas.

Puede que Rodgers fuera un holgazán en la facultad, pero no soportaba estar sin trabajo. La situación afectaba a su relación con Ellen y le hacía sentirse impotente e irascible. La experiencia del hospital lo había radicalizado y estaba furioso con el Gobierno por haberlo condenado a la miseria. Consiguió un trabajo en los restaurantes Arby's, pero lo dejó a la primera noche por considerar que el ridículo uniforme y el sueldo precario lo degradaban. Prefería correr con dignidad a servir hamburguesas con aquel gorro ridículo.

Se marcó como objetivo la maratón de Boston de 1973. Frank Shorter había revolucionado al gremio con su victoria en la maratón de los Juegos Olímpicos de Múnich. Rodgers sabía que no jugaba en la misma liga que Shorter, pero se veía capaz de afrontar una maratón; es más, *debía* hacerlo. Desde su punto de vista, no era más que una carrera muy larga, algo que Amby ya había hecho en la universidad, de modo que empezó a prepararse. Durante los entrenamientos corría a un ritmo de siete minutos por milla, pero no trabajaba la velocidad. Consideraba que si había corrido una carrera de doce millas a menos de cinco minutos por milla, lo único que tenía que hacer era mantener ese ritmo durante catorce millas más. La maratón le sirvió para marcarse un objetivo, pero también para redimir un periodo triste y frustrante de su vida, una época durante la que nada le había salido bien y en la que todo a su alrededor se había hecho añicos. Correr era el modo de mantener a raya la locura y el caos de un mundo en fluctuación constante, y esa fue su salvación.

Sin embargo, la carrera fue un desastre. Rodgers nunca había corrido con calor, y el hecho de no haber trabajado la velocidad lo dejó desarmado ante los cambios de ritmo de los líderes. A los treinta y dos kilómetros tuvo que abandonar; había llegado al «límite» —el punto en que el cuerpo ha quemado todas sus reservas de glucógeno— y no tenía más remedio que irse a casa a tragarse el resentimiento y la vergüenza. El fracaso resultó tanto más amargo por la ilusión que había puesto en la carrera, por lo que el abandono adquirió una dimensión mucho más grande y profunda que la real. Se le clavó como una espina, y eso fue en última instancia lo que motivó su impulsivo e insensato viaje a California.

Cuando volvió, ya había decidido no volver a correr. Era junio y las temperaturas empezaban a ser agradablemente templadas. En Boston, los árboles florecían a lo largo del Charles y el cielo resplandecía. Como si fuera un recién nacido, Rodgers salió a caminar a la calle y descubrió que las piernas todavía le respondían. La comunidad maratoniana de Boston era pequeña y estaba unida, y aunque los miembros de la BAA y la GBTC competían entre ellos, su rivalidad era amistosa y abundante en mestizajes. Aun cuando Rodgers se hubiera pasado al barco de la GBTC, todavía salía correr con los amigos de la BAA.

Al llegar el invierno, notó que su condición volvía a ser la de antes del viaje a California. En noviembre, terminó y ganó su primera maratón en Lowell, Massachusetts, con un tiempo de 2:28. Durante la carrera, supo controlarse y se centró más en terminar que en batir récords. El hecho de haber acabado la carrera dio alas a su confianza y lo convenció de que no era una distancia insuperable. El 8 de enero de 1974, quedó segundo en una carrera de dos millas en pista en la Universidad del Noreste (con un tiempo de 9:08,5). El 9 de enero, corrió más de treinta kilómetros por el lago Jamaica, a pesar de los dos palmos de nieve que cubrían el suelo. Al día siguiente, corrió otro tanto con más nieve todavía. En su diario de entrenamiento anotó que tenía las piernas «doloridas y entumecidas», pero que «por suerte, era nieve fina y en polvo».

Ya nada se interponía entre él y la maratón de Boston. Salía a entrenarse por la colina Heartbreak (en realidad, una serie de cuatro lomas situadas entre los kilómetros 26 y 32 del recorrido) con sus compañeros del GBTC. Empezó a frecuentar las pistas y se obligó a trabajar la velocidad. Estudió la ruta de la maratón hasta que se aprendió de memoria cada subida y cada bajada, cada curva y cada recta. Corría por la mañana y por la noche, y cuando no corría, soñaba con correr.

El 15 de abril, completó su primera maratón de Boston. Su tiempo fue de 2:19:34, suficiente para obtener el decimocuarto puesto. Más importante aún: durante treinta y dos kilómetros mantuvo el cuarto puesto, pero se rezagó en el tramo final. Por primera vez había corrido con los mejores y había dado la talla. Estaba convencido de que con un poco más de entrenamiento, un poco más de esfuerzo y unas condiciones climáticas favorables, podía dar mucha guerra. La oportunidad de demostrarlo llegaría antes de lo esperado, en un lugar inesperado.

Bill Rodgers era un corredor anárquico. El principio rector de sus entrenamientos era el kilometraje. Todo cuanto sabía sobre velocidad, lo había aprendido sobre la marcha y trataba de olvidarlo. Fue el entrenador Squires quien lo introdujo en el método interválico, y eso marcó un punto de inflexión. Aunque las rutinas rígidas nunca fueron de su agrado, trabajar en equipo lo ayudó a concentrarse y a superar su aversión natural al cronómetro.

El gran fondista finlandés Paavo Nurmi fue uno de los primeros en practicar el arte de la velocidad. Sus entrenamientos se basaban en «fases» alternas de actividad y recuperación, con dos sesiones de entrenamiento al día. En los Juegos Olímpicos de 1924, ganó la prueba de 1.500 y, cincuenta y seis minutos más tarde, la de 5.000. También obtuvo la victoria en los 10.000 *cross-country* y en los 3.000 por equipos. Su rutina fue imitada por los suecos, que desarrollaron el método *fartlek* (trabajo combinado), consistente en la realización de cambios de ritmo de distinta intensidad durante el curso de un recorrido de larga distancia.

Pero la verdadera revolución en el entrenamiento moderno llegó de la mano de Woldemar Gerschler, un profesor de educación física alemán. En los años treinta, con la colaboración del cardiólogo Herbert Reindel, descubrió que si un corredor obligaba al corazón a latir intensamente durante breves periodos de tiempo seguidos de un lapso de recuperación, la musculatura cardíaca se desarrollaba y el corazón incrementaba su resistencia. El llamado método interválico consistía, pues, en correr con la intensidad necesaria para incrementar el ritmo cardíaco hasta 180 latidos por minuto, y a continuación tomarse noventa segundos de recuperación, durante los cuales el ritmo cardíaco debía descender hasta las 120 pulsaciones o menos. De lo contrario, el entrenamiento terminaba. Gerschler demostró que, transcurridos veintiún días de entrenamiento interválico, el corazón podía llegar a incrementar su tamaño en un veinte por ciento.

El checoslovaco Emil Zátopek fue probablemente el mayor exponente del método interválico. Su rutina consistía en correr series de 200 y 400 metros, por lo general treinta por sesión. En un momento dado, llegó a correr hasta sesenta series de 400 metros al día durante diez días. Al igual que Nurmi, la teoría de sus entrenamientos era sencilla: correr con la mayor intensidad posible durante el máximo tiempo posible. Zátopek se hizo famoso por su estilo desgarbado y su movimiento de cabeza, tan antiestético que cierto comentarista llegó a decir de él que «corría como alguien a quien han apuñalado en el corazón». Sin embargo, era veloz. En los Juegos Olímpicos de 1948 ganó la medalla de oro en los 10.000 metros y la de plata en los 5.000 (a solo un metro del vencedor). Entre 1948 y 1952, ganó todas y cada una de las carreras de 5.000 y 10.000 que disputó. En los Juegos Olímpicos de 1952, no solo se hizo con el oro tanto en 5.000 como en 10.000, sino que a última hora decidió correr la maratón (la primera para él), prueba que también ganó y en la que además marcó un nuevo récord olímpico. Hasta hoy, sigue siendo el único corredor que ha ganado la medalla de oro tanto en pista como en la maratón en unos Juegos Olímpicos.

Los sacrificios y las hazañas de Nurmi, Zátopek y los corredores suecos Gunder Hägg y Arne Andersson desempeñaron un papel crucial en el asalto a la «barrera» de los cuatro minutos en la milla. Hasta 1945, Hägg y Andersson habían logrado limar el récord de 4:06,2 a 4:01,4 a lo largo de varias carreras durante un periodo de cuatro años. Sin embargo, ese año ambos fueron declarados «profesionales» por haber aceptado demasiado dinero en concepto de dietas. Tendrían que pasar casi diez años para que alguien superara su marca. El nuevo récord fue fruto, en parte, del intento fallido de Roger Bannister por ganar los 1.500 en los Juegos Olímpicos de 1952.

En 1951, Bannister era el millista número uno del mundo, con un mejor tiempo personal de 4:07,8, pero en las olimpiadas se añadió una eliminatoria extra a la prueba de 1.500 metros y tuvo que correr tres carreras en tres días consecutivos. Por entonces estaba estudiando medicina y tenía poco tiempo para entrenarse, por lo que sus piernas pagaron el sobreesfuerzo. Terminó cuarto y se fue a casa sin medalla. Con el fin de destacar y resarcirse de su fracaso, y consciente de que los estudios le impedirían disputar las próximas olimpiadas, se propuso ser el primer hombre en bajar de cuatro minutos en la milla.

Con apenas treinta minutos para correr entre clases, el intervalo de entrenamiento de Bannister consistía en dar diez vueltas de cuatrocientos metros en pista con dos minutos de recuperación entre vueltas. Según él, si podía correr a 60 segundos por vuelta, lograría romper los cuatro minutos. Al principio, su media era de 63 segundos. En abril de 1954, había logrado bajarla a 61. Frustrado por la imposibilidad de correr más rápido, se fue cuatro días de excursión a la montaña con un compañero de entrenamiento, Chris Brasher. Al volver, descubrió que era capaz de cubrir las vueltas en 59 segundos y supo que estaba preparado para intentar batir el récord.

El 6 de mayo de 1954, Bannister se encontró con Brasher y Chris Chataway en la pista de Iffley Road, en Oxford, Inglaterra. El plan era que Brasher fuera en cabeza hasta la marca de media milla para, a continuación, cederle la delantera a Chataway hasta la marca de tres cuartos de milla. A partir de ahí, Bannister tendría que arreglárselas solo. Al principio parecía que el viento soplaba con demasiada fuerza como para registrar una buena marca, y además llovía, pero una hora antes de la carrera, el viento se calmó y la lluvia remitió. La prueba, en la que competían otros tres corredores además de Bannister, Chataway y Brasher, formaba parte de un encuentro entre la Amateur Athletic Association británica (AAA) y la Universidad de Oxford. (Nota: la AAA ganó 64-34). Pocos de los tres mil espectadores que hubo ese día conocían el propósito de los tres compañeros.

Brasher cumplió su misión durante la primera vuelta, registrando un tiempo de 57,5. Bannister (equivocadamente) creyó que el ritmo era demasiado lento y le dijo a Brasher que acelerara. El grupo cruzó la marca de media milla con un tiempo de 1:58. Chataway se puso al frente para marcarle el paso a Bannister hasta los tres cuartos de milla, adonde llegaron en 3:00,5. A algo menos de trescientos metros de la meta, Chataway aminoró (resultado, sin duda, de fumar «solo» siete cigarrillos al día durante la temporada de competición) y Bannister se quedó solo ante el peligro. Sabía que debía correr la última vuelta en menos de 59,5 segundos, así que empezó a esprintar. El público, consciente de que algo extraño ocurría, ovacionaba, y Bannister cruzó la línea de meta y se desplomó en brazos de su amigo el reverendo Nicholas Stacey.

Harold Abrahams (conocido por *Carros de fuego*) retransmitió la carrera por radio para la BBC. Mientras los seguidores se echaban sobre Bannister, Norris McWhirter (que más tarde dirigiría y publicaría el *Libro Guinness de los récords*) hizo el anuncio por megafonía envolviendo sus palabras en suspense:

> *Damas y caballeros, este es el resultado de la novena prueba, la milla: primer lugar, para el número 41, R. G. Bannister, de la Amateur Athletic Association y antiguo miembro del Exeter College y el Merton College de Oxford, con un tiempo que constituye un nuevo récord en pista y que —sujeto a ratificación— será asimismo récord de Inglaterra, de Gran Bretaña, de Europa, del Imperio británico y del mundo. El tiempo es de tres minutos...*

El resto quedó ahogado por el griterío de la multitud. Bannister había marcado 3:59,4, convirtiéndose así en el primer hombre en correr la milla en menos de cuatro minutos.

El desmoronamiento de la barrera de los cuatro minutos tuvo para el atletismo mundial un efecto seguramente tan potente como el de la victoria de Shorter en Múnich para Estados Unidos dieciocho años después. Despertó la fascinación del público y convenció a los fondistas de que la velocidad era tan importante como la resistencia. Lo que había valido para Bannister, Zátopek y Nurmi, bien podía valer para Shorter, Rodgers y Salazar. El mundo estaba a punto de presenciar una revolución.

El 18 de agosto de 1974 fue un día caluroso y húmedo. Hacia las diez de la mañana, el sol era como una bola amarilla y pegajosa, y el cielo, como una gasa azul. Los organizadores de la carrera de Falmouth preveían la asistencia de doscientos corredores; a la hora de la carrera, eran más de cuatrocientos. Los voluntarios trabajaban a marchas forzadas para tener todas las inscripciones listas antes del inicio, y el centro de deportes era la viva estampa de la confusión y el caos. Rich Sherman hacía lo que podía por imprimir suficientes hojas de inscripción antes de acudir él también a la carrera. No obstante, nadie se quejaba. Era verano, todo el mundo iba en pantalón corto y camiseta de tirantes, y en el aire se respiraba la aventura. Por dos dólares, quien quisiera podía apuntarse a la fiesta. Al final, se repartirían cerveza fría, refrescos, perritos calientes y sandía. John Carroll había prometido que habría varias categorías de premios, «así que no os rindáis porque participen grandes corredores», les decía a los participantes.

Tommy Leonard había convencido al ayuntamiento de Falmouth para que trasladara la carrera a un domingo, aunque ello supusiera coincidir con los bañistas de fin de semana. Le escribió a Frank Shorter solicitando su presencia, pero el padre de Shorter declinó amablemente la invitación en nombre de su hijo. (Shorter se encontraba compitiendo en Varsovia.) Aunque no hubiera conseguido convocar a su corredor estrella, Tommy se anotó un tanto asegurándose la asistencia de Marty Liquori, número uno en la milla en 1971 y, junto con Jim Ryun, el millista más rápido de la época en Estados Unidos. Steve, el hermano de Liquori, era uno de los clientes habituales del Eliot Lounge, y, a base de cervezas, Tommy había logrado convencerlo para que hiciera correr a Marty, prometiéndole que habría «chicas en bikini» sirviendo bebidas, una bañera de sopa de almejas para quienes llegaran al final, cortesía del Captain Kidd, y una banda que tocaría «When Irish Eyes Are Smiling» en la línea de meta. Además, si la carrera no conseguía reunir a quinientos corredores, prometía «hacer un salto del ángel desde el puente Bourne».

Liquori se desplazó desde Nueva Jersey para disputar la carrera. Se había pasado seis semanas compitiendo en Europa, donde había marcado 3:56,2 en la milla en Suecia. Además de ser el único corredor estadounidense que había derrotado al legendario Ryun y el tercer corredor de instituto en correr la milla por debajo de cuatro minutos, Liquori llegaría a convertirse en uno de los mejores corredores de 5.000 del país. De hecho, pocos meses antes de la carrera de Falmouth, había quedado quinto en el campeonato nacional de la AAU, y su plan era disputar la prueba en los Juegos Olímpicos de 1976. A pesar de que después de la carrera la prensa dio a entender que Falmouth era una carrera demasiado larga para él, evidentemente estaba preparado para afrontar esa distancia y era uno de los favoritos.

El GBTC también hizo notar su presencia. Tres de los atletas del club terminarían entre los cinco primeros clasificados, y ocho entre los primeros veinte. Bill Rodgers viajó a Falmouth con Ellen Lalone. Como el resto de sus compañeros de equipo, estaba ahí a petición de Tommy. Por entonces, no era difícil convencer a los mejores atletas del país para que condujeran un par de horas o más para disputar una carrera. Para Rodgers, el cebo eran las chicas en bikini; para Liquori, la noche de hotel en el cabo Cod con los gastos pagados; para muchos otros, la oportunidad de probar una carrera nueva, competir con los amigos y vivir una aventura. De las carreras no se comía, e incluso en los grandes acontecimientos, como las maratones de Boston o Nueva York, el premio se limitaba a poco más que una placa conmemorativa. El reglamento de aficionados les impedía aceptar retribuciones, aunque en cualquier caso dinero era lo que nunca sobraba en ningún evento. Para tener premios que repartir en Falmouth, Tommy había tenido que ir puerta por puerta por todos los negocios de Main Street, desde la ferretería a la panadería, pasando por los restaurantes y la tintorería.

Los corredores iban vestidos adecuadamente para el calor y la humedad. Tal y como señaló el periódico local, la mayoría lucía «cinta en la frente, camiseta, pantalón corto holgado y zapatillas bajas de suela blanda, las habituales entre quienes practican en serio este deporte, como por supuesto era el caso de la mayoría de los presentes». Aun así, al final de la carrera seis personas fueron trasladadas al hospital y dos jóvenes ingresaron en la unidad de cuidados intensivos.

En cuanto a la carrera en sí, no hubo sorpresas. Rodgers llevó la delantera desde el primer momento; a los tres kilómetros, su ventaja era ya de casi cien metros, y a la altura de Surf Drive, de casi trescientos. A partir de ahí, continuó aumentando distancias con comodidad hasta ganar con más de un minuto de ventaja. «¡Me he cargado a Liquori! ¡Qué felicidad!», escribió en su diario de entrenamiento. Su tiempo, 34:16, mejoraba en cinco minutos el récord de la carrera.

La hazaña le valió una tostadora, dos billetes para el transbordador de Martha's Vineyard y una cena para dos en el Medieval Manor de Boston. Hasta tal punto era desconocido que en el resultado oficial de la carrera apareció como «Will Rogers». Al día siguiente, Joe Concannon repitió el error en un artículo del *Boston Globe* titulado «Rogers saca a Liquori de su elemento natural». Dos párrafos del artículo estaban dedicados a «Will Rogers», y los otros nueve a Liquori. Pero Rodgers era un tipo sencillo; se reunió con compañeros y seguidores en el Brothers Four para tomar cerveza y escuchar la música en directo. Ni siquiera se enfadó cuando, como regalo de despedida, vio que la grúa de la policía de Falmouth se había llevado su coche.

Alberto Salazar tras inyectársele fluido intravenoso en la carrera de Falmouth.

Cortesía de Charlie Rodgers

5

CUBA LIBRE (1965-1975)

Nunca me consideré veloz.
Lo que pasa es que tenía resistencia.

ALBERTO SALAZAR

La delgadez de aquel muchacho de dieciséis años que estaba sobre la pista era enfermiza: medía 1,80 m, pero su peso después de una buena comida no superaba los 59 kilos. El ceño fruncido ocultaba sus ojos pardos. Era el 4 de julio de 1975, y en la pista de Nebraska la temperatura bordeaba los cincuenta grados. Alberto Salazar se había clasificado para la carrera tras quedar segundo un mes antes en el campeonato júnior celebrado en Knoxville, Tennessee, por detrás de Ralph King, la estrella de la Universidad Estatal de Carolina del Norte. Ahora volvía a enfrentarse a King (además de a la selección júnior soviética) en los 5.000 metros. Salazar ya se había hecho un nombre en Nueva Inglaterra tras batir todas las marcas del instituto Wayland y el récord escolar de la doble milla de Massachusetts. Sin embargo, nunca antes había disputado una competición de ámbito internacional ni había corrido en un lugar tan caluroso como Nebraska en pleno mes de julio.

Los otros corredores no sabían qué esperar de él. Su aspecto, pese al brillo de los ojos y los rasgos vagamente árabes, no infundía temor. King, que lo había vencido unas semanas antes, creía que el muchacho tenía mucho talento, pero que todavía le faltaban varios años para representar una verdadera amenaza. A Salazar, sin embargo, lo traía sin cuidado lo que otros pudieran pensar. No era un corredor sutil —no hacía fintas ni zigzags para escaparse— ni atractivo. Corría a máxima potencia desde el principio y, en lugar de preocuparse por los rivales, hacía que fueran ellos quienes se preocuparan por él.

Alberto se había criado en Nueva Inglaterra y había aprendido a hacer caso omiso de las provocaciones de sus compañeros de clase blancos, para quienes la familia de Salazar era rara y distinta. Su padre había sido íntimo de Fidel Castro y había luchado con él y el Che Guevara durante la revolución cubana. Sin embargo, para consternación suya, José Salazar vio cómo la revolución se alejaba de la democracia para dar paso a una autocracia y cómo Castro convertía Cuba en un estado marxista y ateo. En octubre de 1960, abandonó Cuba para irse a Miami y pasó los seis meses siguientes preparándose para la invasión de bahía Cochinos. Cuando las fuerzas de Castro aplastaron la invasión, se encontró solo en un país extraño, maquinando un retorno triunfal a su tierra natal desde el exilio. En 1968, renunció a Florida, aunque no a sus sueños, y se instaló con su familia en Wayland, Massachusetts.

Su hijo Alberto creció a la sombra de su obsesión. En casa siempre había hombres furiosos gritando en español, con los dedos sucios de nicotina y manchas de café. En cierta ocasión, uno de los hombres se marchó y volvió con una metralleta. Los exiliados cubanos eran gente impetuosa, combativa, impotente y desesperada, y dejaron una profunda huella en Alberto y sus hermanos. El muchacho creció sintiendo una mezcla de orgullo y vergüenza por el fanatismo del padre, y se convirtió en un chico tímido y temperamental a un tiempo, alguien que se hacía notar siempre a su pesar. Quería ser un muchacho como los demás —de los de perrito caliente y macarrones con queso—, pero al mismo tiempo deseaba demostrar lo que valía y que su padre se sintiera orgulloso de él.

Pero la casa de los Salazar nunca sería como esas casitas con cerca blanca donde vivían sus vecinos. Por si no bastara con eso, Alberto era delgaducho, espigado y torpe, la antítesis del típico chico rubio y de ojos azules que hace de capitán en el equipo de fútbol. En el colegio lo llamaban «Castro Convertible». Su hermano mayor, Ricardo, compartía con Alberto los ojos oscuros y la piel aceitunada, pero, a diferencia de este, era un atleta nato, un millista que gracias a una beca había ingresado en la Academia Naval de Annapolis. Siendo el tercero, cuatro años más joven que Ricardo y dos años menor que José Jr., Alberto siempre tuvo que esforzarse más que los otros para ganarse la atención del padre. En cuanto al instituto, nunca llegó a encajar con aquellos chicos privilegiados, hijos de banqueros y abogados yanquis, ni siquiera cuando empezó a batir récords.

Años después, sus amigos dirían que el éxito de Salazar resultaba de su constante deseo de agradar a un padre dominante y de eclipsar a un hermano prodigio. Su compañero de cuarto y de equipo en la universidad, Rudy Chapa, cuya familia era mexicana, afirmó que ambos tenían en común una mentalidad de inmigrante: por un lado, resentimiento; por el otro, la necesidad de demostrar lo que uno vale. Kirk Pfrangle, compañero suyo en el GBTC y algo mayor que él, aseguraba que la tenacidad de Salazar era una reacción contra el autoritarismo de su padre, un hombre que veía el mundo en blanco y negro: la iglesia contra el estado, la deidad católica contra el ateísmo comunista. El propio Salazar admitiría haber crecido con una rabia para la que no tenía explicación y un padre que durante los entrenamientos le gritaba: «¡Un Salazar no se rinde jamás!».

En su libro de memorias, titulado *14 Minutes*, Salazar explica la anécdota de cuando unos niños rompieron una bombilla durante la fiesta de cumpleaños de su hermano menor. Su padre «perdió los nervios» y echó la culpa a Alberto, de solo nueve años, a quien su madre había dicho que se «encargase» de organizar los juegos. El padre se empeñó en cambiar la bombilla de inmediato y se fue de la fiesta para ir a comprar una de recambio. Poco después, varios coches de policía pasaron frente a la casa en dirección al lago Salters, donde un grupo de muchachos había salido a navegar con una balsa. Uno de ellos se había golpeado la cabeza y se había ahogado.

Los niños, curiosos, interrumpieron la fiesta, y Alberto salió corriendo hacia el lago para ver cómo los buzos de la policía rescataban al chico y trataban, sin éxito, de reanimarlo. La escena fue traumática —el parpadeo azul de las luces, la palidez cadavérica del muchacho, la negrura insondable del agua—, y, tras la fascinación inicial, Alberto volvió llorando a casa con su madre. Cuando el padre volvió, culpó a su hijo de la muerte del muchacho: si Alberto no hubiera dejado que los amigos de su hermano rompieran la bombilla, él no habría tenido que irse a buscar una de repuesto y habría podido salvar al chico.

Salazar disculpó la «retorcida lógica» de su padre atribuyéndola, según dejó escrito, «a la conmoción provocada por el terrible accidente, sumada a la vergüenza por su exagerada reacción ante una lámpara rota y a la culpa por haber salido de la casa». Como cualquier niño inteligente, Alberto aprendió que el único modo de evitar las iras de su padre era hacerlo feliz. Y nada lo hacía más feliz que ver correr a Alberto. De modo que corría, pero, aun así, la felicidad que tanto anhelaba lo eludía.

Se dice que de tal palo, tal astilla, y los Salazar no eran una excepción. De niño, cuando una carrera salía mal, a Alberto le sobrevenía una «pena negra» que lo llevaba a plantearse su propia existencia y le impedía comer o dormir durante varios días. Ya de adulto, sufrió episodios depresivos que lo obligaron a medicarse para no sumirse en la desesperación más absoluta. Su humor fluctuaba entre la rabia y la apatía. Se hizo famoso por su rechazo a tratar con la prensa, por su carácter introvertido y por su poca paciencia ante las impertinencias (y con la gente en general). Correr era una suerte de automedicación que le ayudaba a mantener los demonios a raya mediante la liberación de neurotransmisores. Nada deseaba más que ese subidón que sentía al correr, aunque con el paso de los años tuvo que correr cada vez más lejos, más tiempo y más rápido para sentirlo.

Correr es también un imperativo de la evolución. Tal vez los seres humanos no seamos los animales más veloces del planeta (de hecho, somos más lentos que los jabalíes, los osos o los ratones de jardín), pero somos de los pocos animales preparados para correr distancias largas. Nuestros pies son rígidos, y su forma arqueada nos propulsa a la vez que absorbe los impactos; los tendones de las piernas almacenan y liberan energía con eficacia; la cintura estrecha y los músculos de las nalgas, relativamente grandes, nos mantienen erguidos y en equilibrio. Y lo que es más importante, la falta de vello, dos millones de glándulas sudoríparas y nuestra habilidad para respirar por la boca permitieron que los cuerpos de nuestros antecesores se refrigeraran cuando estos salían a perseguir durante largas distancias a sus presas, a las que mataban literalmente por agotamiento.

El desarrollo del cerebro humano fue resultado directo de esa «caza de resistencia». Puesto que para perseguir a una presa a lo largo de grandes distancias se requiere inteligencia, la selección natural favoreció la razón por encima de la fuerza bruta. Asimismo, la caza de resistencia requiere perseverancia y una gran capacidad para soportar penurias en previsión de un resultado final. Según el zoólogo Bernd Heinrich, «vemos a la "presa" ante nosotros aunque esta desaparezca tras las colinas o en la niebla. Esa visión es la clave de nuestra motivación. La capacidad de visualizar es lo que nos permite seguir adelante, tanto si nuestro objetivo es abatir un mamut como si es escribir un libro o establecer un nuevo récord en una carrera».

Salazar tenía una capacidad de visualización portentosa, en parte gracias a su hermano Ricardo. Reloj en mano, Ricardo cronometraba a los chicos del barrio cuando estos corrían las cincuenta yardas o echaban carreras alrededor de la casa. Alberto no era el más rápido, pero podía seguir corriendo cuando el resto de muchachos se quedaban sin resuello. En los juegos de pillar, ganaba siempre porque sus perseguidores se cansaban de perseguirlo. Cuando no estaba corriendo con Ricardo, daba vueltas a la manzana o correteaba por los prados cercanos a la casa. En sexto curso, ganó la carrera de 600 yardas (548 metros) de la Escuela Elemental Bowers. En octavo curso, disputó dos carreras interescolares de *cross-country* y ganó en ambas. Fue entonces, escribió, cuando supo «que quería ser campeón de carreras, el mejor del mundo, medalla de oro en las olimpiadas».

Cuando corría, dejaba de ser el enclenque Castro Convertible y se convertía en todo un campeón americano. Ricardo, que por entonces era uno de los mejores corredores de *cross-country* del instituto, lo animó a entrenarse más y a ganar velocidad. Durante el primer año de instituto, Alberto se apuntó a una carrera de asfalto de veinte millas que se celebraba cerca de donde vivía. Cualquier entrenador habría intentado quitárselo de la cabeza, pero para él era una manera de demostrarles lo que valía tanto a su hermano Ricardo como a su padre. Aunque tuvo que caminar parte del camino, acabó la carrera y descubrió que aguantar el dolor le reportaba cierto placer. Tal vez careciera de las fibras musculares rápidas de su hermano, pero tenía la resistencia de un mártir o un santo.

Durante el segundo año, obtuvo el título estatal de clase C en *cross-country*, y en tercero batió la marca nacional de la doble milla en su franja de edad. La gente del mundillo empezaba a conocer su nombre, y la revista *Track & Field News* lo describió como un «joven fenómeno [...] que vuela directo al estrellato».

Pronto llamó la atención de un corredor de subélite llamado Kirk Pfrangle, uno de esos tipos que acuden a ver las competiciones de instituto por pura diversión. Aunque tenía el estilo de un pato (nalgas bajas, pies abiertos), cuando corría la doble milla en pista Salazar era como una apisonadora. Aventajaba claramente a sus compañeros de equipo, y su entrenador ya no sabía qué hacer con él. Para Pfrangle, fue como ir a ver un partido de baloncesto universitario y de repente ver a Michael Jordan haciendo un mate. No solo ero injusto para los demás corredores, sino que alteraba la dinámica misma de la prueba.

Por aquel entonces, Pfrangle se entrenaba en un nuevo club de atletismo de Boston. Se acercó a Salazar y le preguntó si le apetecería correr con ellos. Salazar se encogió de hombros y dijo que tendría que consultarlo con su padre. Salazar padre miró a Pfrangle con recelo. ¿Quién era ese tipo que bajaba de la grada y se ofrecía a llevar a su hijo a Boston? Pfrangle podía ser cualquier cosa: un pederasta, un agente doble, un asesino. Años después, cuando Alberto fue a competir a la Unión Soviética, su padre estaba convencido de que los agentes cubanos lo raptarían para tomarlo como rehén. Era la paranoia del exilio, un miedo que nunca lo abandonaba. Alberto, no obstante, acabó convenciendo a su padre para que le permitiera correr en el club, y al poco tiempo Pfrangle empezó a llevarlo en coche a la Universidad Tufts y al Boston College para que se entrenase con el GBTC.

Al igual que el Florida Track Club, el GBTC era uno de los pocos lugares donde los corredores sin afiliación universitaria podían entrenarse y competir. En aquellos años, los clubs de atletismo eran tan escasos como la comida japonesa e igual de exóticos. El entrenador Squires trabajaba en el Boston College y entrenaba al equipo de forma desinteresada. Squires era toda una leyenda en los círculos atléticos: mitad gurú, mitad excéntrico. Entender sus ideas era como intentar pescar peces con las manos: parece fácil, pero siempre se te escurren. Cuando el equipo se desplazaba a Nueva York para correr en los Millrose Games, Squires se sentaba en el asiento trasero y no dejaba de dar consejos. Después de la carrera, cuando ya estaban tomando cervezas en el Blarney Stone, él seguía hablando, y durante el camino de vuelta a casa, mientras todos los demás dormían, proseguía la conversación con el conductor. A sus pupilos ya les iba bien; Squires llenaba así los ratos muertos que de lo contrario habrían ocupado los nervios y la impaciencia.

Squires tenías sus propias teorías sobre el atletismo, aunque no siempre sabía expresarlas con claridad. Lo que sus corredores recuerdan mejor es la confianza absoluta en las cualidades de sus chicos y su credo de implicación, perseverancia y trabajo en cuesta. El contenido concreto de los entrenamientos no era tan importante como los vínculos que mantenían unido al club. Squires fue el Joe Torre de su época: un hombre rodeado de atletas dotados de un talento increíble que seguramente habrían triunfado bajo la tutela de cualquiera, pero con la suficiente inteligencia como para no perjudicarles.

A Salazar lo llamaban «el Rookie», que si bien no era el apodo más original del mundo, al menos servía para recordarles a sus compañeros que moderaran el lenguaje en su presencia. El primer día que Pfrangle lo llevó al entrenamiento, un martes por la noche, Squires no se dejó impresionar. Salazar era tan delgado que parecía malnutrido y, además, tenía una zancada muy poco elegante. Squires lo puso en el grupo B para ver si aguantaba. El chico no solo aguantó, sino que no tardó en dejar atrás al resto del grupo. A la semana siguiente, ya corría series de mil yardas junto a los mejores atletas del equipo. Aquel ritmo lo agotaba, pero no estaba dispuesto a rendirse por nada del mundo. Salazar no claudicaba ni arrojaba la toalla. «Lo único que un fondista no puede permitirse —escribiría más tarde— es aflojar.»

Salazar solo tenía dieciséis años, y aunque sus compañeros le sacaban diez años, él no se arredraba. Algunos de sus compañeros lo recuerdan como «distante» o «poco amistoso». Otros disculpan su actitud alegando el recelo natural de los adolescentes hacia los mayores. A su temprana edad, Salazar se creía mejor que todos sus colegas del GBTC, hombres que se convertirían en campeones por derecho propio. El único que le imponía era Bill Rodgers.

Rodgers seguía siendo un desconocido fuera de los círculos atléticos de Nueva Inglaterra, aunque empezaba a acumular victorias en asfalto y era con mucho el mejor fondista del equipo. Salazar se fijaba en sus rutinas y no lo perdía de vista cuando corrían por las colinas de Newton, con Squires contando intervalos desde una bicicleta. Rodgers era el ejemplo a seguir, el objetivo a batir, y Salazar se pegaba a su hombro y lo seguía a rebufo.

En junio, el entrenador Squires lo inscribió en la prueba de 5.000 metros del campeonato júnior de atletismo en pista al aire libre de Knoxville. Pese a quedar segundo por detrás de Ralph King, tres años mayor que él, Salazar igualó el récord de Craig Virgin en la franja de dieciséis años. De repente ya no era solo uno de los mejores corredores de Massachusetts ni de Estados Unidos, sino que había igualado el récord del mundo de Virgin, el campeón de la NCAA y de la Big Ten en la especialidad de *cross-country*. Ahora era oficialmente más rápido que la mayoría de sus compañeros del GBTC, pero no por ello dejaron de llamarlo «el Rookie».

Semanas más tarde, gracias al resultado de Knoxville, viajó a Nebraska para medirse de nuevo contra King y contra la selección júnior soviética. El padre de Alberto despreciaba la Unión Soviética casi tanto como Cuba. No solo era un imperio malvado y ateo, sino que su apoyo a Castro contribuía a mantener en pie un régimen que debía haberse derrumbado. Cuando Alberto ganó la carrera, José lo interpretó como un triunfo del bien y la moral, y como la confirmación de que el destino de los Salazar estaba en combatir la tiranía allá donde se encontrase.

En cuanto a Alberto, acabó la carrera en el puesto de atención médica con un catéter en el brazo. Era la primera vez que se veía las caras con la muerte, pero no sería la última. Tal vez su padre estuviera en lo cierto: Dios les sonreía a los Salazar.

Steve Prefontaine y Frank Shorter corriendo en pista en Oregón.
© *Bettmann/CORBIS*

6

LOS BUENOS MUEREN JÓVENES (30 DE MAYO DE 1975)

Siempre he sentido la culpa del superviviente [...].
Si hubiera podido hablar treinta segundos más con él...

FRANK SHORTER

Cuando Frank Shorter regresó a Gainesville después de Múnich, la carrera de Falmouth no era ni mucho menos una de sus prioridades. Se había hecho con el oro, pero no era Mark Spitz. A él no le había telefoneado el presidente ni le habían ofrecido aparecer en las cajas de cereales Wheaties. Bajo la superficie, se gestaba un *boom*, pero desde el punto de vista de Shorter «habría sido lo mismo si hubiera ganado la medalla de oro en tiro con arco, ciclismo o lucha grecorromana».

Quien sí tuvo un gesto con él fue Louis Mills, jefe del ejecutivo del condado de Orange, en el estado de Nueva York, que organizó una cena en su honor en Middletown, su ciudad natal. Asistieron más de doscientas personas, y Shorter recibió las llaves de la ciudad. Sus amigos y antiguos vecinos no tenían la menor idea de qué era una maratón, pero el muchacho había obtenido un triunfo y para ellos eso era lo importante.

Shorter se mostró indiferente. No corría para ser famoso; lo único que quería era dinero y reconocimiento suficientes para prolongar su carrera de atleta el máximo tiempo posible. Antes de Múnich, era un extravagante, un muchacho enclenque que se pasaba el tiempo corriendo en vez de buscar un trabajo de verdad. Después de Múnich, se convirtió en un campeón y eso le daba credibilidad a ojos de toda esa gente para la que *fartlek* era una palabra obscena. Si eso suponía disponer de más tiempo para entrenarse y le daba una excusa para justificar sus ausencias en la facultad de derecho, se daba por satisfecho. Lo que fuera con tal de correr.

Por mucho que aparentase indiferencia, en realidad le importaba lo que pensara la gente. La suya no era más que una fachada tras la cual se ocultaban sus verdaderos sentimientos. Había aprendido ese truco desde pequeño. Para el mundo exterior, era el hijo del médico, al que acompañaba en las visitas a domicilio. En su autobiografía, describiría así sus sentimientos al ver que su padre había cruzado tres mil quinientos kilómetros para asistir a la cena de Middletown: «Cuando, entre ovaciones, Lou Mills llamó a mi padre "uno de los mayores filántropos que he conocido", se me humedecieron los ojos. En ese momento me sentí muy unido a mi padre».

Sin embargo, Shorter albergaba un secreto que tardaría décadas en desvelar: de pequeño, aquel hombre al que todo el mundo veía como un salvador lo había maltratado física y psicológicamente. Su padre, el doctor Samuel Shorter, les propinaba palizas regularmente a él y a sus hermanos, e incluso llegó a violar a dos de sus hermanas.

Años más tarde, en 2011, contaría la verdad en declaraciones a la revista *Runner's World* y en varias conferencias pronunciadas por todo el país: la voz de su padre en mitad de la noche mientras interrogaba a su madre en la cocina a propósito de alguna minucia; el resonante ruido de sus pisadas en la escalera; la respiración pesada en el umbral de la habitación; el aliento a alcohol; y, lo peor, el dolor del cinturón en la espalda. Las acciones de su padre respondían a un patrón aleatorio, a una rabia irracional, y sus castigos eran indiscriminados. Cualquiera de los hermanos era susceptible de padecer su furia. El día que Frank se libraba, tenía que oír en silencio los golpes que recibían sus hermanos y sus gritos. Pronto aprendió que, si intentaba detenerlo, lo único que conseguiría sería que le diera una paliza también a él.

Correr era su manera de evadirse. La rutina le proporcionaba solaz y le permitía olvidarse de unos pensamientos que, de lo contrario, lo habrían llevado a la perdición. La disciplina y el orden ahogaban el dolor y lo canalizaban hacia el esfuerzo físico de la carrera. Correr se convirtió en una válvula de escape para el miedo y la rabia, así como en una manera de vencerlos. Al menos durante cuarenta kilómetros la hebilla del cinturón de su padre no era nada comparada con el ritmo brutal de la maratón.

Al mismo tiempo, correr era un modo de buscar la aprobación y el beneplácito paternos, aunque nunca llegara a obtenerlos. Cuando su padre acusaba a sus hijos de holgazanes, Frank redoblaba sus esfuerzos. Si por correr lo tildaban de vago, ingresaría en Yale. Si ganar el campeonato de la AAU no era nada, ingresaría en la facultad de medicina. Si una medalla de oro no era suficiente, obtendría la licenciatura en derecho.

Durante los años de juventud y de universidad, el padre de Shorter no asistió a una sola de las carreras de su hijo. Tampoco fue a los Juegos Olímpicos; según él, porque no le gustaba volar. Si no veía las carreras en televisión, decía que era porque se ponía demasiado nervioso. Cuando Frank ganó la maratón, su padre se limitó a decir que el triunfo se le subiría a la cabeza. Frank corría y corría, pero seguía sin hacer feliz a su padre.

Le quedaba por batir el récord de mundo. A lo mejor entonces su padre le mostraría al fin algo de respeto. No solo sería el más rápido del mundo; sería el más rápido de todos los tiempos.

Apenas cinco meses después de Múnich, se celebró la maratón de Fukuoka. Shorter estaba en forma y conocía el recorrido de su visita el año anterior. La de Múnich había sido una carrera tortuosa y táctica, pero la de Fukuoka era recta y rápida; las condiciones eran las ideales para intentar batir el récord del mundo. Sus compañeros de equipo se habían retirado —Jack Bacheler había obtenido una beca posdoctoral, y Jeff Galloway había aceptado una plaza de profesor—, pero Shorter volvió a Gainesville y al Florida Track Club, y, cuando podía, arañaba tiempo a las clases, los trabajos y los exámenes para salir a correr al asfalto y realizar sus intervalos de pista.

Sus compañeros de la facultad lo admiraban, y algunos incluso trataron de emular, ya que no sus logros, al menos sus esfuerzos. Para otros muchos, no era más que un enfermo obsesivo-compulsivo o, peor aún, alguien que lo único que hacía era perder el tiempo. Muchos de los estudiantes de su universidad eran jóvenes procedentes de las clases medias y trabajadoras de la ciudad. Algunos eran hijos de inmigrantes que habían hecho muchos sacrificios por dar una formación a sus hijos. Para ellos, dedicar todo ese tiempo a correr en lugar de a estudiar era algo insensato, acaso descabellado, y sin duda caprichoso. Cuando lo veían, sentían una mezcla de orgullo y preocupación, aunque luego se decían que el único que estaba echando a perder su porvenir era él mismo.

Shorter estaba acostumbrado a las suspicacias y las censuras veladas. Estaba harto de justificarse ante el mundo. Al menos, en la pista, era él a solas con el cronómetro. En el asfalto, devoraba kilómetros como si fuera una máquina. Nunca faltaba a un entrenamiento y nunca daba un paso atrás. Todo lo que su padre tenía de arbitrario él lo tenía de constante. Si la vida era caos y desorden, el atletismo era control y mesura. En el asfalto, podía ser el primero, marcar el ritmo, y no había quien lo tocara.

Sin embargo, el día de la carrera en Fukuoka el viento soplaba más fuerte de lo que Shorter había esperado, y aunque corrió veintiún kilómetros a paso de récord, en la segunda mitad de la carrera fue más lento. Terminó en 2:10:30, un tiempo que batía la mejor marca estadounidense, pero que excedía en noventa segundos el récord mundial de Derek Clayton. Fue una gran desilusión, pero trató de restarle importancia. Se dijo que la maratón no era un esprint; que se requería paciencia y perseverancia, dos cualidades de las que su padre carecía. Cuando se dieran la carrera y las condiciones adecuadas, el récord sería suyo.

Con el título de derecho ya en las manos, Shorter entró a trabajar en una empresa de Boulder, Colorado, donde se dedicó a la investigación jurídica a tiempo parcial y a esquivar a los clientes. La situación era la ideal: ganaba dinero, refinaba sus habilidades laborales y le quedaba suficiente tiempo libre para entrenarse. Los medallistas olímpicos no recibían ningún tipo de ayuda económica, por lo que, si quería seguir intentando el asalto al récord mundial, tendría que hacerlo con sus propios medios. Como faltaba más de un año para los próximos Juegos Olímpicos, decidió trabajar la velocidad en carreras de 5.000 y 10.000 metros. A finales de 1974, ya era el número diez en los 5.000, y en los 10.000 se quedó a una décima de segundo de ser el número uno ante el británico Brendan Foster, en una carrera disputada en el Crystal Palace de Londres. Aun así, logró batir su marca personal con un tiempo de 27:46. (Por entonces, los tiempos solo contemplaban las décimas de segundo. Con los años, la marca personal de Shorter llegaría a ser de 27:45,91.) Era rápido, casi intocable, y estaba en su mejor momento.

A invitación de su amigo Steve Prefontaine, viajó a Eugene con su esposa y su perro para participar en una carrera que Prefontaine había organizado contra el equipo olímpico finlandés. Pese a no haber obtenido medalla en los Juegos Olímpicos —tras ponerse en cabeza a un kilómetro y medio del final y luchar codo a codo con Lasse Virén hasta caer a la cuarta posición en los últimos metros—, desde entonces Prefontaine había batido varios récords estadounidenses en la doble y la triple milla, así como en los 5.000 y los 10.000 metros. Ahora era una estrella, y sus fans lo seguían a todas partes con camisetas en las que ponía «*Go Pre*». Todo lo que Shorter tenía de introvertido y reservado, Prefontaine lo tenía de extrovertido y locuaz. Shorter, cuatro años mayor que él, era el veterano entrecano, y Prefontaine, su supuesto heredero. Formaban una extraña pareja, y en ocasiones parecía que lo único que tenían en común era el bigote, aunque ambos eran tipos pragmáticos disfrazados de idealistas, estaban fuertemente comprometidos con el deporte y eran el símbolo del resurgir de las carreras de fondo en Estados Unidos.

Prefontaine trabajaba para una nueva compañía llamada Nike, con sede en Beaverton, Oregón. Había competido con sus zapatillas en los Juegos Olímpicos de 1972, convirtiéndose así en el primer corredor patrocinado por la empresa para difundir la marca. Su trabajo consistía en convencer a otros corredores para que utilizaran sus zapatillas. El 9 de abril de 1975, Prefontaine envió una carta y un par de zapatillas Nike Boston al desconocido Bill Rodgers, que doce días después se las puso para correr la maratón de Boston. Le iban medio número grandes y los cordones se le aflojaron a mitad de carrera, pero aun así eran mucho mejores que las que había utilizado hasta entonces.

Por aquellos años, la mayor parte de las zapatillas de correr no eran mucho mejores que el calzado de la última Edad del Hielo. A mediados del siglo XIX, las zapatillas se fabricaban sobre una única horma, igual para el pie derecho y el izquierdo. En la década de 1890, la compañía hoy conocida como Reebok fue la primera en colocar clavos en la suela de unas zapatillas de cuero destinadas a correr, aunque resultaban pesadas y torpes, lo que dificultaba entrenarse con ellas (si bien mejoraban la adherencia). El caucho vulcanizado trajo la revolución al mundo del calzado, y los fabricantes empezaron a utilizarlo para hacer las suelas de unas zapatillas a las que llamaron *sneaks* o *sneakers* (en inglés «a hurtadillas», por el supuesto sigilo con que podía caminar quien se las ponía). En 1916, la U. S. Rubber Company empezó a fabricar unas zapatillas que debían llamarse Peds, pero como la palabra ya estaba registrada acabaron llamándose Keds. Con ocasión de los Juegos Olímpicos de Berlín de 1936, los hermanos Adolf y Rudolf Dassler, que más tarde fundarían Adidas y Puma, elaboraron unos clavos de correr a la medida de cada talla y competición deportiva. Jesse Owens fue uno de los atletas que compitieron con sus zapatillas.

En 1949, Kihachiro Onitsuka fundó la Onitsuka Company, creadora de las zapatillas de baloncesto Tiger, con su característico dibujo adherente en la suela. (Años más tarde, Onitsuka sería adquirida por ASICS.) Poco tiempo después, Onitsuka empezó a fabricar zapatillas Tiger para correr, con modelos como el Mexico 66 y el Corsair. En 1970, según una encuesta realizada por el futuro editor de *Runner's World*, Joe Henderson, el 70 por ciento de los corredores estadounidenses poseían al menos un par de zapatillas Tiger, con Adidas en segundo puesto en cuanto a popularidad. El diario de calzado de Henderson, donde tomaba notas sobre sus zapatillas, refleja los cambios de gusto de aquellos años:

1970 — Tiger Boston, Lydiard Road Runner
1971 — Tiger Marathon
1972 — Tiger Marathon, Adidas Dragon
1973 — Tiger Boston, Tiger Marathon
1974 — Tiger Boston, Adidas Dragon, Tiger Jayhawk
1975 — Tiger Montreal
1976 — New Balance 320, New Balance 305
1977 — New Balance 305, Brooks Victor
1978 — Brooks Victor, Etonic Streetfighter, Brooks Vantage
1979 — Brooks Vantage, Brooks RT-1

El éxito de Tiger en Estados Unidos se debió en gran parte a Phil Knight, un mediocre corredor de medio fondo de la Universidad de Oregón que en varias ocasiones le sirvió como conejillo de indias al entrenador Bill Bowerman, aficionado a personalizar las zapatillas de sus corredores y autor incluso de algún modelo propio. Bowerman siempre buscaba la manera de quitarles unos gramos de peso a las zapatillas, ya que a lo largo de una carrera, la suma de esos gramos equivalía a varios cientos de kilos. Desmenuzó varios modelos para analizar su diseño y experimentó con distintos materiales —como piel de canguro y bacalao— con el fin de hacerlas más ligeras y flexibles.

Tras licenciarse, Knight ingresó en la escuela de negocios de Stanford, donde, recordando la búsqueda de la zapatilla perfecta de Bowerman, escribió un trabajo de curso titulado «¿Pueden las zapatillas deportivas japonesas hacer con las zapatillas deportivas alemanas lo que las cámaras japonesas han hecho con las cámaras alemanas?». Su tesis era que, para competir con los precios de Adidas, una empresa estadounidense podía importar zapatillas de correr baratas fabricadas en otro país. En 1962 viajó a Japón, donde descubrió la marca Tiger. Por medio de diversas argucias, consiguió entrevistarse con Onitsuka y firmar un contrato en virtud del cual se convertía en el distribuidor de Tiger en Estados Unidos. Le envió un par a Bowerman, que se postuló como socio. Con un apretón de manos, crearon Blue Ribbon Sports. Empezaron vendiendo las zapatillas que Knight llevaba en el maletero de su coche en las jornadas de atletismo, y en 1967 abrieron su primera tienda de venta al detalle en Santa Mónica, California.

Las Tiger eran buenas, pero no tanto como las Adidas. Bowerman seguía buscando la manera de mejorarlas y remitió a Onitsuka algunos cambios de diseño que la marca incorporó en posteriores modelos. En 1972, vertió uretano líquido en el molde para gofres (en inglés, *waffles*) de su esposa e inventó así la suela de rejilla, más ligera y adherente que cualquier otra de las que había en el mercado. Las relaciones entre Blue Ribbon y Onitsuka se tensaron cuando llegó el momento de firmar un acuerdo de distribución y derechos para el modelo Corsair (o Cortez, según quien las vendiera). Bowerman y Knight rompieron con Onitsuka y rebautizaron la empresa como Nike. En poco tiempo, las Nike Waffle Trainer se convirtieron en parte imprescindible del material de todo corredor serio.

A pesar de que hoy en día ha surgido la moda de desdeñar los avances obtenidos en tecnología del calzado y correr descalzo, hay pocas pruebas de que correr sin zapatillas reduzca las lesiones o incremente el rendimiento. Quienes corren descalzos dan zancadas más cortas, por lo que el aumento del número de pasos hace que su cuerpo sufra el mismo impacto acumulativo que el de los corredores con calzado que aterrizan sobre el talón. Además, según un estudio reciente, correr descalzo puede incrementar «la tensión de los flexores plantares» y «la presión por contacto en los metatarsos». En otras palabras: correr sin amortiguación lastima los pies y puede provocar lesiones. Asimismo, puede reducir la velocidad. Investigadores de la Universidad de Colorado han concluido que correr descalzo no ofrece «ninguna ventaja metabólica con respecto a correr equipado con unas zapatillas ligeras y dotadas de amortiguación». Es más, esos mismos investigadores han descubierto que, para la mayor parte de los sujetos estudiados, «correr con zapatillas ligeras y dotadas de amortiguación resultaba en un grado de necesidad metabólica menor que correr descalzos, pese al incremento de masa». Incluso Daniel Lieberman, biólogo de Harvard y temprano defensor de esta corriente, ha acabado reconociendo que «correr descalzo no es la panacea» en lo que se refiere a la prevención de lesiones.

Aunque quizá la prueba más contundente contra la práctica de correr a pie desnudo es que los atletas de élite corren calzados. Si se fabrican zapatillas cada vez mejores, es porque un mejor calzado hace mejor al atleta. Antiguamente, correr descalzo, o casi, resultaba doloroso. A medida que las zapatillas se fueron perfeccionando, los atletas pudieron entrenarse mejor y correr más rápido. Hoy en día, solo un loco o un fanático se entrenaría descalzo para una maratón, y el número de atletas de élite que corre descalzo es cero. Incluso algunos corredores que se han hecho famosos por correr a pie desnudo, como la sudafricana Zola Budd, se han pasado a las zapatillas debido a las continuas lesiones. Los atletas kenianos y etíopes que han crecido corriendo descalzos por necesidad económica nunca han vuelto a correr sin zapatillas tras haberlas probado. Como todos los atletas de élite, saben que correr descalzo supone una desventaja.

Tanto Prefontaine como Shorter calentaron con sus Nike Waffles antes de disputar la carrera de 5.000 metros contra los finlandeses. Pre esperaba que Virén también compitiera, pero en el último momento excusó su presencia alegando una lesión en la pierna (aunque, en realidad, ese mismo día disputó una carrera de 5.000 metros en Helsinki). Shorter estaba cansado del viaje y admitió no estar en su mejor forma, pero en cuanto sonó el pistoletazo de salida, se puso el primero y corrió en cabeza durante la primera milla a un paso de 4:17. Prefontaine lo relevó a la mitad del recorrido y juntos se escaparon del pelotón. El público que abarrotaba el estadio se puso en pie. El estruendo de las ovaciones era el mayor que Shorter había oído nunca, y eso lo alentó. Pero Prefontaine era un millista con un tiempo de 3:54, fuerte y terco como un clavo, y no estaba dispuesto a permitir que Shorter lo venciera en casa, donde nunca había perdido ninguna carrera de longitud superior a una milla. Cambió de ritmo y devoró los siguientes tres cuartos de milla registrando tiempos de 63, 64 y 63 segundos. Cruzó la meta en 13:23,8, a 1,6 segundos del récord de Estados Unidos. Terminada la carrera, los dos se abrazaron y Shorter trató de disimular su decepción. A fin de cuentas, era la carrera de Pre; Shorter no había sido más que el reclamo y la liebre. Y sin embargo, durante trece minutos, había anhelado la victoria.

Después de la carrera, Pre llevó a Shorter a una fiesta, donde discutieron apasionadamente sobre la necesidad de acabar con la hipócrita distinción entre corredores aficionados y profesionales. Poco después, la AAU investigaría a Shorter por sus declaraciones ante la Comisión Presidencial sobre Deportes Olímpicos, en las que había afirmado ser «profesional». Con la ayuda de su bufete, logró impugnar los cargos, pero se sentía indignado y sus miras se radicalizaron. Poco después, sería el joven abogado quien iría a por la AAU. Shorter puso en tela de juicio el control ejercido por la organización sobre las pruebas atléticas, lo que en última instancia condujo a la aprobación de la Ley de Deportistas Aficionados de 1978, en virtud de la cual el Comité Olímpico Estadounidense relevaba a la AAU en materia de reglamentación atlética.

Pero Prefontaine no viviría para asistir al cambio. El 30 de mayo de 1975, dos minutos después de dejar a Shorter en casa de Kenny Moore tras la fiesta, perdió el control de su descapotable y murió estrellado contra un muro.

Bill Rodgers gana su primera maratón de Boston
con la camiseta del GBTC escrita a mano.
© Boston Globe, vía Getty Images

7

BOSTON BILLY (1974-1975)

Cuando gané mi primera maratón de Boston, ni siquiera sabía para qué me estaba entrenando. Me limitaba a correr distancias cada vez mayores.

JOAN BENOIT SAMUELSON

La victoria de Bill Rodgers en Falmouth en 1974 no le reportó la celebridad. Ni mucho menos. Aparte de escribir mal su nombre, los principales medios no mostraron ningún interés particular en el ganador de una carrera de ámbito local. Shorter había puesto el atletismo de fondo en la cubierta de *Sports Illustrated*, y Prefontaine le había añadido un aura romántica, pero para la mayor parte de la población seguía siendo un deporte para hippies malnutridos y poco atléticos.

Rodgers siguió dando vueltas al lago Jamaica y con su trabajo en el bufete. Sobrevivía a base de mantequilla de cacahuete y pizzas, y no tenía dinero ni para comprarse ropa deportiva decente. En septiembre completó su primera maratón de Nueva York, dando cuatro vueltas a Central Park junto a varios cientos de aspirantes. Durante más de treinta kilómetros, lideró la carrera con una ventaja de tres minutos, pero al final se le acalambraron las piernas y acabó quinto. «Insuficiente entrenamiento en larga distancia —escribió en su diario—. A partir de ahora, ¡a correr 30-40 kilómetros a la semana sí o sí!» Nueva York solo era un eslabón más en el circuito de las carreras en asfalto, y Central Park, un territorio baldío y desierto a merced de las palomas y las bandas. Al terminar en quinto lugar, Rodgers ni siquiera tenía derecho a una tostadora.

A escala local, no obstante, empezaba a labrarse un nombre.

Ganó el campeonato de quince kilómetros de la AAU de Nueva Inglaterra, celebrado en Manchester, New Hampshire, y un mes después, el campeonato de seis millas *cross-country* de la NEAAU (New England Amateur Athletic Union) en el Franklin Park de Boston. Su kilometraje aumentó y, a instancias del entrenador Squires, también su dosis de entrenamiento interválico. Empezó a correr series de una milla o tres cuartos de milla a un ritmo de entre 4:40 y 4:50 por milla, con dos minutos de recuperación entre series. Detestaba esas rutinas, pero sabía que eran el único modo de ganar velocidad. Por las tardes, salía a correr una ruta «fácil» de entre quince y treinta kilómetros. Durante ese otoño, su media diaria fue de más de cuarenta y ocho kilómetros, y la media semanal, de unos ciento noventa, con máximos de hasta doscientos cuarenta.

Habían pasado dieciocho meses desde que había vuelto a correr en serio. El 1 de diciembre de 1974 logró su primera gran victoria en la maratón de Filadelfia. Su tiempo no fue especialmente bueno (2:21:57), pero sí lo suficiente como para batir el récord de la prueba, y más aún teniendo en cuenta que era un día lluvioso y frío. La victoria le sirvió para volver a confiar en sí mismo después de los fracasos de Boston y Nueva York. A finales de diciembre, salió a correr un par de veces con su amigo Tommy Leonard: veinticinco kilómetros por el Boston College y veinte por el río Charles. Tommy corría como una tortuga, pero a Bill no le importaba. Se divertía con las anécdotas de Tommy y, al final del día, salía a correr otros veinte kilómetros a paso más rápido. Tommy espantaba la tristeza de fin de año e impedía que Bill se obsesionara con su pesimismo y su inseguridad.

Los compañeros del GBTC también le daban apoyo, y Rodgers disfrutaba entrenándose con ellos una vez cada quince días en la pista cubierta de la Tufts. A su lado ya no era un conserje mal pagado, sino el mejor de entre un equipo de atletas altamente competitivos. Hombres como Jack Fultz, Randy Thomas y Bob Hodge dominarían el circuito de fondo de Nueva Inglaterra durante buena parte de la década, pero Rodgers ya había dado muestras de su potencial y sus primeras victorias lo convertían en un corredor al que no había que perder de vista. El entrenador Squires le exigía cada vez más en los entrenamientos y lo instó a presentarse a las clasificatorias del campeonato mundial de *cross-country* en Gainesville. No hubo que insistir mucho para convencerlo. Como él mismo decía, en Boston el tiempo era «frío como un zurullo de perro cagón de Nueva Inglaterra». Florida supondría un agradable cambio de escenario.

Cuatro días antes de la carrera, Rodgers se puso a 38 de fiebre, con «vahídos y náuseas». El 9 de febrero de 1975, le bajó la fiebre y recobró fuerzas. La temperatura exterior era de 18,3 grados sin humedad, el clima perfecto para vivificar el espíritu.

Los mejores fondistas del país se apostaron en la línea de salida, liderados por el maratonista número uno del mundo, Frank Shorter. Era la segunda vez que Rodgers y Shorter se enfrentaban; la primera había sido durante una carrera de la Wesleyana contra Yale en la que había ganado Amby Burfoot. Naturalmente, Rodgers sabía quién era Shorter y recordaba su anterior encuentro. Para Shorter, sin embargo, Rodgers ni siquiera existía; solo era un rival más al que aplastar. Cuando a mitad de carrera Rodgers se puso en cabeza, Shorter ni se inmutó. Esperó el momento oportuno y, hacia el final del recorrido, aceleró hasta hacerse con la victoria por catorce segundos. Rodgers acabó empatando por el tercer puesto, lo que le valió la clasificación para el equipo estadounidense que viajaría a Marruecos a disputar el campeonato. El entrenador Squires estaba exultante y se atribuyó todo el mérito por el hecho de haber convencido a su pupilo para que participase. Rodgers, por su parte, le dejó darse el gusto.

De vuelta a Boston, Rodgers aumentó la intensidad de los entrenamientos y, durante las tres semanas previas al viaje a Marruecos, corrió 252, 199 y 238 kilómetros. Luego, partió para Rabat. A diferencia de los Juegos Olímpicos, donde los corredores se reparten en seis pruebas distintas, el campeonato de *cross-country* consiste en una única carrera en la que maratonistas y millistas corren juntos.

Dentro del mundillo, probablemente sea la carrera de fondo con más prestigio. Entre los participantes de ese día, se encontraban el gran millista neozelandés John Walker, el bronce olímpico Ian Stewart y Shorter.

Rodgers debería haberse sentido intimidado, pero no fue así. Con todos los kilómetros que llevaba en las piernas sabía que estaba preparado. Además, había conseguido colocarse por delante de Shorter en Gainesville solo un día después del ataque de fiebre, y si bien es cierto que en las últimas cuestas se había quedado atrás, aquello le había demostrado que Shorter no era invencible. Cualquier otro día y con mejor salud, habría podido ganarle. En cuanto a Shorter, lo que le preocupaba no eran sus compatriotas, ya que había ganado la clasificatoria fácilmente y corriendo bien. Su atención, por el contrario, se centraba en los europeos y los neozelandeses, que en su opinión eran los hombres a batir.

Las condiciones en Marruecos eran las ideales: clima seco y no excesivamente cálido. Rodgers estaba eufórico. Se había olvidado las zapatillas de correr —típico en él—, pero su compañero Gary Tuttle le prestó un par justo de su talla. Salió fuerte y enseguida se colocó en cabeza sin pensar en Shorter. Hizo una carrera agresiva, atacando en las cuestas y acelerando en las bajadas. Al final, acabó tercero, el mejor puesto obtenido por un estadounidense en esa prueba. Shorter terminó vigésimo primero, más de un minuto por detrás de él.

Aunque el campeonato de *cross-country* era una prueba demasiado minoritaria para suscitar la atención de la prensa estadounidense, la primera victoria de Rodgers sobre Shorter auguraba un cambio de ciclo en el atletismo de fondo del país. De pronto, el medallista olímpico ya no estaba solo en la cima de la pirámide. El desconocido Rodgers había salido «de la nada», como decía Shorter, y había superado a todo un campeón del mundo. Shorter seguía siendo el corredor más completo y, según Rodgers, el más temible, pero ahora ya no había favoritos.

Animado por la victoria obtenida en Marruecos, Rodgers regresó a Estados Unidos, donde quedó segundo en los treinta kilómetros del campeonato nacional en asfalto. Habría podido ganar, pero unos retortijones —la gran pesadilla de muchos corredores— lo obligaron a hacer una parada técnica en el bosque. Después de eso, volvió a Boston y «al viento y la nieve y el mierdoso tiempo de Nueva Inglaterra».

Hasta entonces, Rodgers solo era conocido entre corredores. La prueba de Marruecos lo había catapultado hasta lo más alto, pero podría haberse pasado el resto de su vida disputando carreras anónimas sin tener un gran impacto sobre la conciencia nacional. Tampoco le habría importado; no esperaba grandes glorias fuera del restringido gremio de los fanáticos del atletismo. Además, ignoraba la existencia de todo un movimiento que, inaccesible al frío y el cansancio, seguía sus pisadas y anhelaba expandirse y dejar de oír las imprecaciones de los niños y ancianos que se apartaban a su paso cuando salían a correr por los arcenes mientras la nieve les azotaba el rostro. Pero todo eso cambiaría el 21 de abril de 1975.

Para ganar una carrera se necesita más que un buen entrenamiento. Hace falta suerte y sentido de la oportunidad. El corredor que amanece con jaqueca el día de una competición tiene mala suerte. No es posible controlar los virus, ni elegir las condiciones climáticas o el estado de la carretera, ni decidir quién se apunta en el último minuto. Correr no es como el fútbol, el rugby o el béisbol, donde la mitad de los jugadores del campo saldrán victoriosos. Solo puede ganar uno. Todos los demás pierden.

Cuando Rodgers se despertó la mañana de la septuagésimo novena edición de la maratón de Boston, supo que Dios le había sonreído. Odiaba tanto la nieve como el calor, pero esa mañana el tiempo era óptimo: ni demasiado frío ni demasiado caluroso. Por la espalda, soplaba una ligera brisa que refrescaba el ambiente. Rodgers se anudó las Nike Boston que Prefontaine le había regalado y se puso una camiseta blanca en la que su novia, Ellen Lalone, había escrito «GBTC» con un rotulador. La carrera no empezaba hasta mediodía, así que desayunó tortitas y leyó los periódicos de la mañana. Pese a haber disputado esa carrera mil veces y haberla analizado otras mil con el entrenador Squires, su estrategia era sencilla: «arrancar como alma que lleva el diablo y nunca detenerse ni volver la vista atrás».

Y justamente eso fue lo que hizo. El inglés Ron Hill ostentaba el récord de la carrera y partía como favorito, pero tampoco había que perder de vista al canadiense Jerome Drayton. Rodgers adelantó a Hill al principio del recorrido, y, al llegar a la marca de los quince kilómetros, la carrera se convirtió en un duelo entre Rodgers y Drayton. Al oír que uno de los espectadores animaba a Drayton, se molestó tanto —«un espectador de Boston animando a un canadiense»— que pisó el acelerador. Para cuando llegó a las pendientes de Heartbreak Hill, Rodgers ya iba solo en cabeza. Poco después, los cordones de las zapatillas se le aflojaron y paró para anudárselos. Además, se detuvo otras cuatro ocasiones para beber agua, pues, como él mismo decía, no sabía beber y correr al mismo tiempo. Eso maravilló al público y a los medios, que no podían creerse que el líder se permitiera hacer cinco altos durante la carrera. Aun así, Rodgers rebajó en treinta y cinco segundos el récord de la carrera de Ron Hill y el récord de Estados Unidos de Frank Shorter, convirtiéndose así en el primer estadounidense en terminar la maratón por debajo de 2:10. Su marca de 2:09:55 era la quinta mejor de todos los tiempos.

Cuando le dijeron que había batido el récord de la prueba, Rodgers dijo que eso era «ridículo» y «absurdo»; no podía haber corrido tan rápido. En boca de otro habría sonado a falsa modestia, pero en el caso de Rodgers era cierto que no había prestado atención a los parciales, y en cualquier caso las matemáticas no eran su fuerte. El entrenador Squires, por supuesto, sabía de lo que Rodgers era capaz, pero no por ello su asombro era menor (aunque se esforzara por disimularlo). En cuanto a Ellen, para ella el tiempo no era más que un número, pero pronto averiguaría lo que significaba para el mundo y el efecto que había de tener sobre sus vidas.

Cuando Frank Shorter se enteró de la noticia en Colorado, aseguró que, después de ver la actuación de Rodgers en el campeonato de *cross-country*, no le sorprendía. Eso no es del todo cierto. En Marruecos, Rodgers había demostrado ser un corredor competente, pero nadie habría podido prever que batiría el récord de Estados Unidos con un tiempo inferior a 2:10. En realidad, a Shorter lo reconcomía haber perdido el récord a manos del desconocido. Aunque tuvieran la misma edad, Shorter era el decano del atletismo de fondo en el país, y Rodgers, un bisoño advenedizo. Era como haber construido un gran castillo de arena y ver cómo un niño torpe que no puede ni pagarse un par de zapatillas lo derrumba. Shorter atribuyó el nuevo récord al viento a favor y al trazado cuesta abajo de la carrera, pero, al mismo tiempo, empezó a tramar su venganza.

Por su parte, Rodgers se fue con sus compañeros y su entrenador al Eliot Lounge, donde Tommy Leonard se puso a servir Ballenas Azules y cerveza mientras en la máquina de discos sonaba su canción de la victoria.

Bill Rodgers por delante de Frank Shorter en los primeros compases de su primer enfrentamiento en Falmouth.

Cortesía de Charlie Rodgers

8

DUELO A MEDIODÍA (1975)

Siempre me dio la impresión de que yo le preocupaba más a él que él a mí.

FRANK SHORTER ACERCA DE BILL RODGERS

Frank era un maestro en el juego de la guerra psicológica.

BILL RODGERS ACERCA DE FRANK SHORTER

La victoria de Rodgers en Boston situó a Falmouth en el mapa. Ya no era el desconocido «Will Rogers» que de algún modo se las había arreglado para vencer a Marty Liquori, el millista estrella de Estados Unidos, en una carrera de longitud inusual. Ahora era el ganador de la más antigua y venerada maratón del país y el nuevo titular del récord de Estados Unidos. Sus ojos azules, su sonrisa pícara y su cabello rubio pajizo enseguida le granjearon el favor de los medios. A diferencia de Shorter —demasiado cerebral— y Salazar —siempre malcarado—, Shorter, con su candidez, se puso a la prensa en el bolsillo y se convirtió en el portavoz ideal del incipiente movimiento atlético. Y Falmouth, por extensión, se benefició de su éxito.

Tommy Leonard no podía estar más feliz. El Eliot Lounge se había convertido en el bar de cabecera de la maratón de Boston y de Bill Rodgers, el plusmarquista estadounidense. El GBTC era el club atlético de moda en Estados Unidos. El entrenador Squires había dejado de ser un gurú para convertirse en un dios. Y la cerveza corría como... en fin, como el vino. Fueron días embriagadores para la comunidad atlética de Boston; toda la gente relacionada con el mundillo se sentía como si estuviera en una noria que hubiera empezado a girar a gran velocidad, esparciendo polvos mágicos sobre todo aquel que se acercara; polvos de los que dan alas a los corredores.

Y, sin embargo, faltaba algo. Cuando Leonard, Rich Sherman y John Carroll empezaron a planear la tercera carrera de Falmouth, la ausencia de Shorter se hizo evidente. Shorter hacía estragos en carreras de asfalto con distancias no maratonianas, y el récord de la carrera de Falmouth lo ostentaba el hombre que había batido el récord de Shorter en la maratón. Tenía sentido que Shorter quisiera retar a Rodgers en Falmouth, o al menos ese era el parecer de los tres directores del evento. Pero Shorter parecía tener otras cosas en la cabeza.

En Charleston, Virginia Occidental, en la carrera inaugural del Salón de la Fama del Atletismo, Shorter asestó el primer golpe al advenedizo Rodgers derrotándolo con contundencia en una prueba de doble milla, aunque, dadas las circunstancias, ninguno de los dos concedió demasiada importancia al hecho. La distancia era apenas la necesaria para calentar los músculos y no encajaba mucho con sus habilidades. Diez días después, Rodgers corrió una carrera de 31,6 kilómetros en Puerto Rico durante la cual se mareó «con el calor, ¡vómitos y diarrea!». Aun así, logró ganar y obtuvo «un enorme trofeo que podré vender y un barril de ron del bueno».

A Rodgers le iba la juerga y sentía un gran afecto hacia Tommy Leonard, por el que habría hecho casi cualquier cosa. Tommy era más que su camarero favorito y un compañero ocasional (aunque algo lento) de entrenamientos. Encarnaba todas las cosas buenas de aquel deporte: un tipo normal y corriente que se mezclaba con la élite y se lo pasaba en grande con los mejores. En el atletismo de fondo no había vestuarios cerrados a la prensa ni agentes (al menos en su caso) ni contratos suculentos que fomentaran la pereza y la desidia. Las únicas prima donnas eran los funcionarios de la AAU. Ese era su encanto, y, en cierto modo, esa misma sería la causa de su declive. En 1975, un barman patizambo podía hacer que el plusmarquista estadounidense de la maratón se pusiera en contacto con otro campeón y lo convenciera para acudir a una anodina población del cabo Cod a disputar una carrera entre dos bares que ni siquiera tenía una distancia fija.

Shorter estaba a punto de irse a Europa a disputar una competición en pista, pero Rodgers le hizo llegar igualmente la invitación de Tommy. Sabía que Shorter sería «duro de pelar», y en cierto modo esperaba que no aceptase. Más tarde, bromearía diciendo que Tommy lo había obligado a invitarlo, pero la verdad era que Rodgers disfrutaba con esa rivalidad. Las carreras de fondo consistían en «destronar a los reyes», y Shorter seguía siendo el soberano. Por lo demás, Rodgers no tenía nada que perder; tenía su tostadora y no necesitaba otra camiseta.

Aunque a Shorter se lo relacionaba con Gainesville y Boulder, era oriundo de Nueva Inglaterra y conocía Woods Hole por haber parado ahí en varias ocasiones de camino a Martha's Vineyard con un amigo de la familia. La carrera despertaba su curiosidad, entre otras cosas porque le brindaba la ocasión de derrotar al hombre que le había arrebatado el récord en la maratón, así que aceptó la invitación de Tommy, pero con una condición: quería que le pagaran lo mismo que ganaba por correr los 10.000 metros en pista, ni más ni menos que seiscientos dólares, a los que habría que sumar el coste del billete de avión desde Colorado. Para conseguir el dinero, Tommy recurrió a Bill Crowley, hombre de negocios y propietario del Captain Kidd y del Oar & Anchor de Falmouth. Crowley le dijo que volviera cuando se le hubiera pasado la borrachera, pero Tommy insistió y, al final, Crowley aceptó financiar el viaje de Shorter y alojarlo en su casa de Falmouth. Como incentivo adicional, Tommy consiguió que una tienda local donara un televisor como obsequio para Shorter.

La noticia de su presencia corrió como la pólvora por las pequeñas comunidades de Woods Hole y Falmouth. El *Falmouth Enterprise* preveía la asistencia de seiscientos cincuenta corredores; al final fueron ochocientos, el doble que el año anterior. Al menos ciento cincuenta se inscribieron en el último momento, cosa que colapsó el centro deportivo y dio lugar a una escena de caos que el *Enterprise* describió así: «Corredores con pantalón de chándal, corredores con pantalón corto y camiseta de algún club de atletismo, clubs de atletismo, fabricantes de zapatillas, zapatillas azul eléctrico, rojas, amarillas, algunas [*sic*] con *sneakers*». Según el rotativo, el día de la carrera, «Water Street parecía Río el día del carnaval o París el día de la toma de la Bastilla. Gente atestando las aceras. Espectadores asomados a las ventanas. Un gran grupo sentado en el tejado de la torre que se alza detrás del Fishmonger Café».

Las hipérboles (y los errores sintácticos) del periódico podían disculparse por su entusiasmo. En Estados Unidos, pocas veces se daba cita tal número de gente en un mismo lugar para participar en una competición deportiva —generalmente, los fans iban a los sitios a *mirar*, no a *jugar*—, lo cual iba en contra de esa idea tan americana según la cual todo deporte consiste en que dos equipos o rivales se encierren a competir entre ellos. Ni siquiera Frank Shorter había asistido nunca a un evento tan concurrido. En las maratones en las que corría, el número de participantes nunca superaba los cien, y en pista, nunca más de una docena. Según el *Boston Globe*, la carrera era un auténtico «acontecimiento», un festival con el atletismo como protagonista. Para Tommy, era una manera de «crear unidad en estos tiempos difíciles».

La dimensión del evento y la creciente inexperiencia de algunos de los participantes obligaron a la organización a extremar las precauciones. El doctor Charles Montgomery, que el año anterior había atendido a varias personas por golpe de calor, advirtió que «la carrera del año pasado planteó serios problemas médicos» y recordó que seis corredores tuvieron que ser llevados a urgencias y dos pasaron la noche hospitalizados, «ambos con brotes psicóticos. Uno de ellos tardó treinta y seis horas en recuperar la razón. En ambos casos se trataba de varones adultos, de algo más de veinte años y en excelente condición física». Su advertencia, síntoma de la ingenuidad del momento, fue, sin embargo, ignorada.

Los funcionarios municipales estaban más preocupados por el número de corredores y su efecto sobre los recursos públicos. Para esponjar a la multitud, Carroll y Sherman decidieron trasladar la línea de meta ciento sesenta metros más allá del Brothers Four. Eso significaba que la carrera acabaría en bajada, y no cuesta arriba. Y lo que es más importante: facilitaba el acceso al campo de béisbol de Falmouth Heights, de modo que los participantes pudieran despejar rápidamente la zona de meta. Se anunció que la longitud de la carrera pasaba a ser de 11,9 kilómetros, en lugar de 11,7, aunque ambas distancias eran incorrectas. La prueba contaba con el beneplácito oficial de la AAU, lo cual no quiere decir que las mediciones se hubieran realizado de forma precisa. Por aquel entonces, medir un trazado suponía generalmente recorrerlo en coche o, en el mejor de los casos, montado en una bicicleta con un podómetro. No fue hasta 1987 que se adoptó un método normalizado para medir los recorridos de las carreras; para ello se requería, entre otras cosas, que el encargado de extender la certificación midiera las distancias más cortas entre puntos —por lo común una tangente—, en lugar de seguir el camino que tomaría un corredor (el cual, por ejemplo, se pegaría a una curva en lugar de atajar a través de ella). Jim Gerweck, editor externo de la revista *Runner's World*, midió el trazado de Falmouth en 2007 y certificó su longitud en siete millas exactas (11,26 kilómetros).

Para llegar a Falmouth, Shorter tomó un avión hasta el aeropuerto Logan de Boston. Tommy le pidió a un amigo que trabajaba en el cuerpo de policía del estado que fuera a recogerlo en el coche patrulla. Shorter lucía un corte de pelo más rebelde que el de Múnich y un bigote más poblado, pero siendo el tipo más delgado y en forma de la terminal no fue difícil reconocerlo. Condujeron hasta el cabo Cod con las luces encendidas, y al llegar, Carroll fue a recibirlos con el televisor. Aquello no le pareció justo al propietario del negocio que lo había donado —Shorter todavía no había corrido, protestó—, pero el regalo era por participar, no por ganar. Aunque técnicamente aquello vulneraba el reglamento de aficionados, los obsequios eran una estratagema habitual para esquivar la prohibición de los premios en metálico. Shorter podría venderlo y la AAU nunca se enteraría. (Los 600 dólares exigidos por Shorter sí suponían una flagrante infracción del reglamento.) Tras dejar el regalo a buen recaudo, Shorter se fue a casa de los Crowley, se cambió y salió a inspeccionar el recorrido.

Tommy Leonard no era un tipo sofisticado, pero poseía el instinto de un buen corredor. Lo de «De bar a bar», no era más que un reclamo; lo importante era el recorrido de Woods Hole a Falmouth Heights. Durante el recorrido de reconocimiento, Shorter vio que la carrera se dividía en tres tramos: las primeras tres millas de bosque y colinas; el tramo llano entre Surf Drive y el puerto Falmouth, y el repecho de la última milla. A pesar de su uniformidad, el trazado presentaba dificultades en algunos puntos determinados. Podía ser que un corredor ascendiera las cuestas sin problemas y desfalleceriera bajo el sol en el tramo de playa, o que se mantuviera atrás en las colinas y perdiera el rastro de los líderes en la parte llana. Era un recorrido para explorar, de una gran belleza, con sorpresas detrás de cada curva: el faro, la marisma salina, la playa, el puerto, el campo de béisbol. Naturalmente, los corredores de élite no corrían para contemplar el paisaje, pero el telón de fondo representaba tanto un desafío como una fuente de inspiración. Las alteraciones del terreno obligaban a reajustar el ritmo y la estrategia a cada momento, y Shorter tomó nota de todos y cada uno de los tramos antes de la carrera.

Concluido el reconocimiento, se fue al Oar & Anchor, donde los organizadores habían convocado al *Falmouth Enterprise*, el *Boston Globe* y el *Boston Phoenix* a una rueda de prensa. Shorter se sentó junto a Rodgers frente a la barra para responder las preguntas de un puñado de periodistas, ante la mirada de los voluntarios y los dueños del establecimiento. Uno de los periodistas le preguntó a Shorter si le preocupaba alguno de los rivales. «En realidad, la carrera es un duelo entre él y yo», dijo señalando a Rodgers con la cabeza, aunque no había que excluir la posibilidad de que algún «muchacho escuchimizado» se despegara del grupo e intentara colocarse en cabeza. El tono en que lo dijo dejaba claro que no le preocupaba perder la carrera frente a ese supuesto «muchacho escuchimizado»; lo único que quería era que no interfiriera en su ritmo. Nadie en todo el país, a excepción quizá de Rodgers, tenía posibilidades de batir a Shorter en esa distancia.

Rodgers tuvo la impresión de que Shorter se mostraba tranquilo, aunque no especialmente amistoso. Habían crecido a poco más de cien kilómetros uno de otro, pero Shorter era un hombre de pista que se entrenaba en Colorado y Florida, mientras que él era «Boston Billy», un correcaminos de pura cepa. Rodgers era de natural afable, a diferencia de Shorter, que era cauto y calculador, lo cual le producía cierta inseguridad. Pocos de quienes han conocido a Shorter lo recuerdan como un tipo afectuoso (según un amigo suyo, en cierta ocasión en que iba corriendo con su novia, esta tropezó y se cayó, y en lugar de ayudarla a levantarse, le dijo que tuviera más cuidado), pero era el mejor fondista del mundo y no sentía la necesidad de quedar bien con nadie. En parte, era una estrategia. «Lo que quería era que Bill no dejara de pensar en mí», diría más tarde. Era la misma estrategia que había utilizado en los Juegos Olímpicos: desde su posición de líder, desgastaba a los rivales obligándolos a adivinar sus intenciones mientras él marcaba el paso. Solo que esa actitud no despertaba las simpatías de Rodgers ni del resto de atletas.

Shorter apuró su cerveza y se fue a descansar a casa de Crowley. Rodgers se alojaba con John y Lucia Carroll. Su plan era despertarse temprano y no desayunar. Esa noche, ambos durmieron poco y no dejaron de dar vueltas en la cama pensando en la carrera.

El día amaneció gris y neblinoso, con el viento soplando inusualmente de cara en Surf Drive. Las condiciones no eran las ideales para Shorter, a quien no le gustaba la lluvia, aunque al lo menos el riesgo de agotamiento por calor quedaba descartado. En el centro deportivo, John Carroll y Rich Sherman gestionaban como podían la avalancha de inscripciones de última hora y le echaban la culpa a Tommy Leonard, que en su entusiasmo había animado a la gente a apuntarse el último día prometiendo que la organización se ocuparía de todo. El problema era que nadie había previsto la llegada del centenar y medio de nuevos participantes que acribillaban a preguntas a la organización, que hasta se quedó sin cambio debido al flujo incesante de billetes de veinte dólares. Para añadir confusión a la locura, fuera había una hilera de autobuses aparcados a la espera de llevar a los corredores a Woods Hole; alguien tenía que coordinar el embarque, hacerse cargo de las quejas de quienes no cupieran y deshacerse educadamente de los aprovechados que lo único que querían era un medio de transporte gratuito. Como no podía ser de otra manera, el último autobús llegó tarde y hubo que retrasar la hora de la salida.

La estrategia de Rodgers era la misma que en Boston: salir fuerte, aguantar y acelerar. A esas alturas, la presencia de Shorter ya no lo inquietaba; estaba convencido de que podía ganarle. Pero también era realista: de los dos, Shorter era el que tenía mayor velocidad de piernas. Para Rodgers, la mejor opción era marcar el paso y esperar que los músculos de Shorter pagaran el esfuerzo en Falmouth Heights. Ni siquiera el corredor más preparado podía derrotar a la bioquímica; en algún momento, la acumulación de ácido láctico excedería la capacidad del cuerpo para eliminarlo y se produciría una disminución en el pH de las células musculares, con el consiguiente resultado de dolor y fatiga. El único modo de eliminar el exceso de ácido láctico es disminuir la velocidad o detenerse. (Disminuyendo la velocidad se elimina más ácido que parándose, por eso los entrenadores recomiendan enfriar después de una carrera larga.)

Shorter, por su parte, no subestimaba la victoria de Rodgers en el campeonato mundial de *cross-country*, pero sabía que Bill no era un especialista en 10.000. Según él, el flato había sido el culpable de su derrota, y además, el trazado de Falmouth era de asfalto, medía casi cinco kilómetros menos y era relativamente llano, lo que jugaba a favor de la zancada suave y eficaz de Shorter. El plan era dejar que Rodgers empezara marcando el paso, aunque sin perder el contacto con él, y más adelante desbancarlo.

A ninguno de los dos podía sorprenderles la estrategia de su rival. Aunque en el deporte siempre es así. Un equipo de fútbol americano con una buena formación ofensiva intentará correr, mientras que su rival se centrará en placar al *quarterback*. Un tenista con un servicio fuerte se dedicará a sacar y volear, mientras que su rival tratará de confinarlo al fondo de la pista a base de bolas largas. Cualquier otra cosa sería contraproducente y supondría un derroche de recursos. Un tenista de línea de base puede acercarse a la red de vez en cuando, pero no puede disimular sus puntos débiles ni fingir que su estilo es otro. El factor sorpresa solo funciona cuando se emplea de manera puntual y razonada: un *punt* en el último segundo, un puñetazo suelto, un reverso con tiro en suspensión. La mayoría de competiciones deportivas se ganan o se pierden en función del rendimiento a lo largo de todo el encuentro.

Todos y cada uno de los ochocientos diez corredores alineados delante del Captain Kidd pensaban en el plan a seguir. Aquellos para los que las siete millas eran un fin en sí mismo, no aspiraban más que a llegar al final; pero la mayoría tenían un objetivo específico en mente: un paso de seis minutos, superar su tiempo del año anterior, dejar atrás al rival de al lado. La mayor parte conocían el recorrido y sabían lo que tenían que hacer para lograr su objetivo. La mayoría no lo conseguirían.

Para que una estrategia funcione, hay que ser plenamente consciente de las cualidades y las flaquezas de uno y rectificar de forma constante a lo largo de la prueba. El corredor que se cree capaz de mantener un ritmo de seis minutos por milla a lo largo de siete millas pero solo ha corrido veinte millas semanales se engaña a sí mismo. En atletismo, esto ocurre constantemente. A lo mejor es porque al principio todas las carreras parecen fáciles y se tiende a correr demasiado. También puede deberse a que los corredores son optimistas por naturaleza y siempre están seguros de que pueden mejorar su marca personal. Pocos soportarían el dolor si no confiaran en obtener una recompensa. Sin embargo, lo que hace grande a un corredor de élite es, en parte, su capacidad para compensar ese optimismo con cierta dosis de pragmatismo, el ser consciente de sus limitaciones al tiempo que trata de superarlas. El exceso de confianza conduce al fracaso; la falta de confianza, también.

Así pues, si cuando sonó el pistoletazo de salida Rodgers tomó la delantera, fue porque confiaba en su preparación y porque la experiencia avalaba su estrategia. Corrió a un paso que consideraba razonable, teniendo en cuenta las series y el trabajo en cuesta que el entrenador Squires le había impuesto. Sus piernas marcaban el ritmo de forma automática movidas por la memoria de los propios músculos, y el resultado era una zancada rápida, corta y segura.

Rodgers cubrió la primera milla en 4:45, a medio camino entre el paso al que había corrido la doble milla contra Shorter y el paso al que había corrido la maratón de Boston. Su velocidad era algo menor que el año anterior, pero no le dio importancia; esa vez iba detrás de Liquori, que había salido demasiado rápido y al que la inexperiencia le había jugado una mala pasada. La acumulación de ácido láctico en sus músculos lo había obligado a aminorar para reabsorberlo, y ese había sido el momento que Rodgers, más versado en asfalto, había elegido para adelantarlo.

Pero Shorter no era Liquori. Se mantuvo a una zancada de él, de modo que ambos corrieran juntos, pero no a la misma altura. Cuando Rodgers bajaba una cuesta, Shorter la bajaba con él, pero siguiendo una tangente distinta. A ojos de los espectadores, era como si cada cual corriera su propia carrera, ajeno a la presencia del otro. Sus ojos miraban al frente, nunca a los lados ni hacia atrás. Sin embargo, sus oídos no dejaban de escuchar la respiración del rival, y gracias a la visión periférica percibían su presencia.

Rodgers corrió la segunda milla en 4:42, según el plan previsto. Ni demasiado rápido ni demasiado lento. Los giros, la estrechez de la vía y el ritmo sincopado de las subidas se lo estaban poniendo difícil a Shorter. Por lo común prefería ser él quien marcase el ritmo y se sentía incómodo siendo la sombra de Rodgers. Este seguía apretando, dejó atrás F. R. Lillie Road y Fay Road sin bajar la intensidad y empezó a ascender la pequeña loma que conducía a la playa.

En toda carrera hay un momento en que se invierten las tornas. Ocurre cuando la fatiga perturba la capacidad del cerebro para mantener el cuerpo en movimiento; entonces el rival ataca, y el corredor no es capaz de responder. La causa es física y a la vez psicológica; se debe tanto a la incapacidad de las células para producir la cantidad de energía necesaria como al colapso del sistema nervioso central. ¿En qué momento cede la voluntad ante la química? ¿En qué momento claudica la pasión ante la razón?

Rodgers y Shorter descendieron la loma dejando la salina a la derecha. Rodgers conservaba todavía una ligera ventaja, pero no había logrado deshacerse de Shorter en el bosque. Ahora que se acercaban a la playa, lo único que podía hacer era esperar que el esfuerzo realizado en los primeros kilómetros minara el vigor de las piernas de su adversario. El viento soplaba con fuerza y la bruma gris los envolvía como un sudario. Rodgers se esforzaba por mantener la concentración, consciente de que cada vez que movía un brazo de forma desacompasada o ladeaba la cabeza desperdiciaba energía. Se impulsaba con las plantas de los pies, juntaba las rodillas y bajaba los hombros.

A medida que el terreno se volvía llano, Shorter iba recuperando el control. La playa se extendía ante ellos y se sintió imbuido de la energía de un esprínter, como si de repente pudiera salir disparado y dejarlo todo atrás a su paso. Había llegado el momento de poner a Rodgers a prueba. En un espacio de menos de medio kilometro, Shorter le sacó nueve metros. Al llegar a la marca de las cuatro millas, ya le llevaba dos buenas zancadas largas de ventaja. El estrecho tramo de playa de Surf Drive estaba lleno de espectadores. La gente se alineaba a los lados de la carretera y llenaban las casetas, donde ya había empezado la fiesta. Al ver llegar a Shorter lo jalearon, pero también animaron a Rodgers a alcanzarlo. Tal vez Shorter hubiera ganado la medalla olímpica, pero Boston Billy se había ganado sus corazones.

Pero Rodgers no podía responder. La carrera no había terminado, pero el equilibrio de fuerzas había cambiado. Ahora la única esperanza para Rodgers era mantener el paso y rezar para que Shorter cometiera algún error. Él no podía correr más rápido, pero era posible que Shorter aminorara. De hecho, habían corrido la cuarta milla en 4:49, la más lenta hasta el momento; con su cambio de ritmo, Shorter no había hecho más que volver al ritmo anterior. La mayoría de espectadores creen que un corredor acelera cuando, en realidad, lo que ocurre es que sus rivales se quedan sin aliento. Esto podría haber sido beneficioso para Rodgers, de no ser él quien se estaba quedando rezagado.

Al llegar a la marca de las cinco millas, Shorter había aumentado su ventaja otros nueve metros. A partir de ahí, todo era línea recta hasta la meta. Como en los Juegos Olímpicos, Shorter solo tenía que mantener el paso. En cuanto a Rodgers, había perdido una zancada o dos, pero todavía no había dicho la última palabra. Si aminoraba otros cinco segundos, su cuerpo podría recuperarse parcialmente. Para la mayoría de personas, correr una milla en cinco minutos es imposible, pero para Rodgers era como coger un balón de oxígeno que le daría la posibilidad de intentar atrapar a su rival.

Pero Shorter no estaba dispuesto a permitírselo. Echó la vista atrás y, al ver que Rodgers estaba a una veintena de metros, resolvió que era el momento de acabar de machacarlo. Un finísimo hilo unía todavía a ambos corredores, y Shorter estaba decidido a cortarlo. Atacó de nuevo y al instante se colocó a más de una treintena de metros. Al llegar a Grand Avenue, en la entrada de Falmouth Heights, ya casi se había perdido de vista tras el cambio de rasante. Rodgers estaba destrozado. Sabía que no podía recortar esa distancia. Miro atrás para asegurarse de que nadie lo siguiera de cerca y se conformó con el segundo puesto.

Shorter llegó al agua, giró a la izquierda y puso rumbo a la última subida. El viento soplaba con fuerza, pero él resistía; subió la cuesta y pasó por delante de la puerta del casino y el Brothers Four. A pesar de la barrera de cuerda, el público invadía el asfalto formando un pasillo por el que solo podían pasar dos o tres personas. Shorter llegó al canal y corrió en dirección a la cinta, donde Rich Sherman, John Carroll y Tommy Leonard lo esperaban sonrientes. Levantó los brazos, el sol se reflejó en su camiseta, donde ponía «Florida» en letras naranjas, y cruzó la línea. Su tiempo fue de 33:24. Había batido el récord de Rodgers por cincuenta y dos segundos.

Rodgers iba un centenar de metros por detrás, por debajo también de su tiempo del año anterior. El tercer clasificado tardaría casi dos minutos más en llegar.

Los fotógrafos y la prensa rodearon al campeón, pero Shorter se negó a dejarse retratar hasta que Rodgers llegó y se estrecharon las manos. Luego, ambos posaron educadamente para los fotógrafos y hablaron con la prensa mientras el resto de corredores llegaban en tromba a los Heights. Shorter había ganado el asalto, pero Rodgers no estaba dispuesto a regalarle el combate. Shorter había sido el mejor ese día, pero al siguiente Rodgers volvería a Commonwealth Avenue con el entrenador Squires y el GBTC, dispuesto a dejarse la piel en las cuestas.

Tras la carrera, empezó la ceremonia de entrega de medallas; Tommy hizo los honores sobre una improvisada tarima de madera y posó con sus dos campeones como una madre orgullosa. Era un final memorable para un sueño maravilloso. Tres años después de ver cómo Shorter cruzaba la línea de meta en Múnich, el alocado e improbable deseo de Tommy se había hecho realidad. Notaba el ardor de la carrera en el estómago (aunque a lo mejor no era más que la cerveza). La presencia de Shorter era como un bálsamo para su vida llena de infortunios, y aunque la autocompasión no iba con él, el hombre que de pequeño se pasara la vida huyendo de los orfanatos se permitió derramar unas pocas lágrimas de alegría. Aquella era su razón de ser: la camaradería del atletismo. Aquella era la familia que nunca había tenido, el calor de ochocientas almas que compartían su sueño.

Terminada la ceremonia, les hizo prometer a ambos que volverían al año siguiente. Faltaban muchas millas hasta entonces, incluida una parada en los Juegos Olímpicos de Montreal, pero

Tommy, sonriendo como un duendecillo, les aseguró a sus muchachos que les haría cumplir su palabra.

La celebración siguió por todo lo alto en el Brothers Four. Ese día se servirían mil quinientas copas de cerveza y un número incontable de tazones de sopa de almejas. Los platos de comida salían de la cocina, atravesaban el comedor y llegaban hasta el salón de la entrada. El bar era una gran aglomeración de familiares y amigos, y quienes ya no cabían se repartían por el campo de béisbol.

Sin embargo, los dos invitados de honor habían desaparecido. Frank Shorter y Bill Rodgers se habían escabullido de la fiesta y se habían ido a correr juntos las siete millas de vuelta a Woods Hole.

Frank Shorter se da la mano con Waldemar Cierpinski
tras la llegada de la maratón olímpica de 1976.

9

LA HORA DE LOS TRAMPOSOS (1976)

Lo que lograron Frank y Abebe [Bikila],
lo lograron sin drogas.

BILL RODGERS

Desde que existe el deporte, ha habido trampas.

En los Juegos Olímpicos de la antigüedad, los atletas ingerían carnes exóticas que supuestamente les proporcionaban fuerza. Antes de que existieran los exámenes cromosómicos, los griegos competían desnudos para impedir que las mujeres se hicieran pasar por hombres. En 1807, Abraham Wood afirmó haber recurrido al láudano para mantenerse despierto veinticuatro horas seguidas cuando competía contra el gran capitán Barclay. En la maratón olímpica de 1904, el estadounidense Thomas J. Hicks ingirió varias dosis de estricnina y clara de huevo, rematadas con un buen vaso de brandi, por recomendación de su «entrenador», Charles Lucas, y pese a terminar segundo, fue declarado vencedor tras descubrirse que Fred Lorz, el primer clasificado, había recorrido los últimos cinco kilómetros en coche. La carrera se disputó a una temperatura de 32 grados y en una carretera tan polvorienta que uno de los participantes estuvo a punto de morir de una hemorragia derivada de las dificultades para respirar. El hecho de que una veintena de automóviles circularan junto a los corredores levantando piedras y polvo durante todo el camino tampoco ayudaba. Cuando Hicks pidió agua durante la carrera, Lucas no solo se la negó, sino que en lugar de ello lo remojó con una esponja impregnada en agua caliente procedente del radiador del coche. Después de la carrera,

Lucas presumiría de que, «desde el punto de vista médico, la maratón ha demostrado que las drogas benefician notablemente a los atletas durante la carrera».

Sin embargo, el consumo generalizado de drogas no se convirtió en una cuestión política hasta los Juegos Olímpicos de 1976. En los *trials*, las pruebas de clasificación para los Juegos Olímpicos, veintitrés atletas estadounidenses dieron positivo por drogas (aunque ninguno de ellos fue sancionado). Circulaban rumores de que Lasse Virén, que había ganado el oro en 5.000 y en 10.000 metros, había recurrido al dopaje sanguíneo, un proceso consistente en extraer sangre del cuerpo para, poco antes de la competición, reinyectar la hemoglobina. La teoría —cuya efectividad ha quedado demostrada gracias a algunos ciclistas del Tour de Francia, que han logrado el mismo efecto mediante la sustancia conocida como EPO (eritropoyetina)— es que el aumento de hemoglobina incrementa la aportación de oxígeno a los músculos, lo cual potencia el rendimiento corporal. Virén había corrido cuatro carreras en ocho días y anunció que, al día siguiente de haber ganado los 5.000, correría su primera maratón, en un intento por igualar el triple oro de Emil Zátopek en 1952. Aunque Virén siempre ha negado las acusaciones, muchos creen que algo así solo es posible con la ayuda de estimulantes biológicos.

De todos modos, a Frank Shorter no le preocupaba Virén. De hecho, estaba convencido que de que, si no se lesionaba, nadie podría vencerlo. Si Bill Rodgers le había arrebatado el número uno en la clasificación y el récord de Estados Unidos, era solo porque durante el último año se había apartado de las carreras de larga distancia. Los Juegos Olímpicos de Montreal le brindarían la oportunidad de igualar las dos medallas de oro del gran Abebe Bikila en la maratón, y era consciente de que la historia lo juzgaría por esa carrera. Dejó su trabajo para concentrarse en los entrenamientos; su esposa, Louise, proveía a la familia, pues las carreras apenas reportaban ingresos. La AAU miraba con lupa todos los ingresos que recibía en concepto de desplazamientos, y la Boston Athletic

Association ni siquiera le pagó el vuelo a Boston para disputar la maratón. La pareja pasó el invierno en Boulder poniendo pedazos de plástico en las ventanas porque no podían permitirse cambiarlas.

Para Bill Rodgers, los Juegos Olímpicos eran la ocasión de reivindicar su valía como corredor de maratones. Todavía eran muchos los que pensaban que su récord de Boston había sido fruto del azar, y en Fukuoka había quedado tercero en una carrera dominada por Jerome Drayton. Después de Falmouth solo se había enfrentado a Shorter en las diez millas de Lynchburg, Virginia, donde habían empatado deliberadamente. La idea había sido de Rodgers, que había alcanzado a Shorter al final de la carrera, aunque Shorter al principio se había resistido. Una carrera era una carrera, y solo podía haber un ganador. Pero al final pensó que, si se negaba, quedaría como un mezquino y un antipático, de modo que aceptó. (Los jueces, sin embargo, acabaron otorgando el primer lugar a Rodgers porque los resultados oficiales no contemplaban la posibilidad de un empate.)

En realidad, Shorter seguía produciéndole cierta congoja a Rodgers, que se sabía el menos experimentado de los dos. Para entrenar para el equipo olímpico, se despertaba a las seis de la mañana y, a pesar del gélido invierno de Boston, salía a correr por las calles nevadas, donde los coches apenas podían verlo en la oscuridad. A la hora del almuerzo, se cambiaba en el minúsculo baño situado en el sótano de la escuela en la que trabajaba y aprovechaba para correr mientras los niños se ponían en fila para comer. Como no había ducha, al volver tenía que asearse con el agua del lavamanos. El director del colegio no entendía esa obsesión y le preguntaba por qué no se ocupaba más de «sus obligaciones y menos de sus pasatiempos». Rodgers era el plusmarquista estadounidense en maratón, pero a la mayoría de sus compatriotas el atletismo seguía pareciéndoles un deporte raro y absurdo. Algunos incluso veían en él un vestigio del inconformismo y el amor libre de los hippies, y lo consideraban una amenaza.

El *boom* ganaba impulso, pero eran tiempos de rabia y confusión.

El país todavía no se había recuperado de dos décadas de conflictos militares en defensa de unos ideales que nadie comprendía del todo, la economía estaba estancada y el presidente Gerald Ford aseguraba que por él Nueva York podía irse al cuerno. Bandas combativas como U2, los Clash y los Ramones saltaban a la palestra; los cines estrenaban películas cargadas de rabia como *Network* y *Taxi Driver*, y las bombas estallaban furiosas en Soweto, Argentina, Irlanda y Londres. No había mucho de qué alegrarse, y todo signo de optimismo parecía tan vano como ondear una bandera mientras el barco se va a pique.

Aun así, no faltaban las celebraciones. Estados Unidos cumplía su segundo centenario, y ¿qué mejor modo de celebrarlo que con el oro olímpico? De la noche a la mañana, parecía que, tras una larga escasez, Estados Unidos había duplicado sus posibilidades de victoria en la maratón y tal vez también en las demás pruebas de fondo. La influencia internacional del país se evaporaba, pero por lo menos le quedaba el consuelo de ser una potencia atlética.

Lamentablemente, la coronación olímpica no empezó con buen pie. Montreal se impuso sobre Los Ángeles como sede de los juegos de verano, y aunque Denver logró hacerse con los de invierno, el estado de Colorado acabó renunciando a ellos alegando su excesivo coste. Finalmente, se celebrarían en la localidad austriaca de Innsbruck.

Sea como fuere, a Shorter y Rodgers la elección de Montreal los beneficiaba más que la de Los Ángeles. Correr cuarenta y dos kilómetros entre el *smog* angelino no habría sido una experiencia agradable. (Años después, la elección de Pekín suscitaría las mismas objeciones y se saldaría con la ausencia del plusmarquista mundial de maratón Haile Gebrselassie.) Canadá era como una versión amable de Estados Unidos, y, además, en el país vecino ni uno ni otro sentirían encima la presión de tener que ganar la medalla en casa. Shorter aseguraba que las esperanzas puestas en él no le quitaban el sueño. Cuando uno es el favorito, escribió, «el resto de corredores te observan, quizá más de lo que deberían. Piensan en ti, tal vez más de la cuenta. Eso te ayuda a dominar la carrera y a correr lo mejor posible, mientras que los demás se ven obligados a adaptarse a ti».

Pero antes, ambos debían clasificarse para el equipo olímpico. Como aspiraban a participar en los 10.000 y en la maratón, tendrían que disputar dos clasificatorias en fechas distintas. Dada la mayor dificultad de la maratón, la clasificatoria para esta prueba se programó para un mes antes que la de 10.000 metros, aunque eso significaba que Shorter y Rodgers tendrían que disputar una dura maratón y, a continuación, *dos* carreras de 10.000 metros (la eliminatoria y la final). Todo eso antes de viajar siquiera a Montreal.

Desde que el entrenador neozelandés Arthur Lydiard demostrara en los años sesenta que los entrenamientos para las carreras a pie debían dividirse en fases —trabajo muscular, velocidad y competición—, los atletas saben que la puesta a punto para una carrera no puede dejarse al azar, sino que requiere un proceso controlado y planificado que solamente puede realizarse con una frecuencia limitada. Los periodos de máximo rendimiento exigen meses de preparación y no duran más que unas semanas. En el mejor de los mundos, un corredor debería pasar un año entrenándose para una carrera para desplegar en ella todo su potencial, pero eso no es factible en el mundo real, en el que el calendario viene dictado por promotores, patrocinadores, jueces, entrenadores, agentes, agencias y hasta los propios corredores, ansiosos por demostrar sus capacidades y ganarse la vida lo mejor posible. Los corredores de competición no pueden vivir en un laboratorio; deben salir al asfalto.

La clasificatoria para la maratón se disputó en Eugene el 22 de mayo de 1976, con tiempo fresco y sin viento, condiciones ideales para esa distancia. Shorter creía estar en mejor forma que nunca. Rodgers había corrido 252 kilómetros semanales durante las tres semanas previas a la clasificatoria, y aunque también estaba en una forma envidiable, no había tenido tiempo a recuperarse de tanto kilometraje. Once mil seguidores llenaban el estadio de Hayward Field para ver el primer encuentro de ambos en la maratón. Eugene era una ciudad con una gran tradición atlética y el recuerdo de Steve Prefontaine aún era muy palpable. Aunque el resto del país no comprendiera ese deporte, la multitud ahí reunida sabía que estaba a punto de asistir a un momento histórico.

Shorter y Rodgers se colocaron juntos en cabeza y a mitad de la carrera ya habían dejado atrás al pelotón. Según Shorter, él se «habría conformado con un empate», pero Rodgers empezó a notar el sobreesfuerzo en forma de tensión y calambres en las pantorrillas. Los tres mejores pasarían al equipo olímpico, así que si Shorter quería un empate, podría haber aminorado y aun así se habría clasificado sin dificultad, pero algunos periodistas señalaron incluso que hacia el final pareció acelerar y mirar por encima del hombro. Ya fuera por un miedo legítimo a ser adelantado o por evitar que se repitiera la ignominia de Lynchburg (donde el empate lo había relegado al segundo lugar), Shorter ganó la carrera con un tiempo de 2:11:51, siete segundos por debajo de Rodgers.

Un mes más tarde, los dos hombres volvieron al Hayward Field para correr las eliminatorias de los 10.000 metros. Rodgers ganó su serie con un tiempo de 28:32,7, su récord personal, y Shorter la suya con una marca de 28:33,6, una centésima de segundo por delante de Craig Virgin. En la final, tres días después, Shorter ganó con un tiempo de 25:55,4, con Virgin a cuatro segundos, seguido por Garry Bjorklund y Rodgers, este último con un tiempo de 28:04,4.

Que Shorter hubiera ganado la maratón y un mes más tarde hubiera superado a Virgin, la estrella de la pista, en los 10.000 dice mucho de su estado de forma y su versatilidad. Correr los 10.000 en pista rodeado de rivales no tiene nada que ver con correr 42,195 kilómetros en asfalto. Para empezar, porque la prueba de los 10.000 consiste en dar veinticinco vueltas a una pista llana y uniforme de cuatrocientos metros de longitud, mientras que la maratón suele pasar por calles con puentes, baches, cuestas y curvas. Los 10.000 se corren en un grupo compacto de treinta o cuarenta participantes que luchan por su posición tratando de no verse desplazados hacia fuera en las curvas y, a la vez, de no quedarse encajonados en las rectas. La maratón, en cambio, es una carrera abierta, y resulta casi imposible quedarse encajonado. Los 10.000 se corren con clavos sobre un piso de poliuretano, mientras que la maratón se corre por la calle y con zapatillas de suela lisa. Y lo que es más importante, para los 10.000 se requieren más fibras musculares rápidas para correr a un ritmo en torno a los 4:30 de media, con picos equivalentes a correr una milla en menos de cuatro minutos. Aunque no es raro encontrar a esprínters que hagan doblete en 100 y 200 metros, o en 200 y 400, es menos común que un fondista domine los 10.000 y la maratón de forma simultánea. El único corredor que ha ganado ambas pruebas en los Juegos Olímpicos fue el incomparable Emil Zátopek.

Y sin embargo, Frank Shorter acababa de ganar las clasificatorias olímpicas de Estados Unidos tanto en maratón como en 10.000, y era el máximo favorito en la primera de cara a los Juegos Olímpicos. Puede que algunos también lo contaran entre los favoritos en 10.000, pero una lesión en el pie le hacía dudar si correr ambas. Si lo que quería era asegurarse un lugar en la historia, sabía que el medio para lograrlo era la maratón. La lesión de Shorter le brindaba a Rodgers la oportunidad —como cuarto clasificado— de competir en los 10.000. El problema era que Rodgers también se había lesionado un pie en la pista y durante las seis semanas siguientes evitaría hacer ejercicios de velocidad con la esperanza de recuperarse a tiempo. Edu Mendoza, quinto en los *trials*, se convirtió así en el tercer hombre del equipo olímpico de 10.000 metros.

He aquí cómo, en nombre de la imparcialidad, las clasificatorias olímpicas pusieron en riesgo las posibilidades de medalla de Shorter y Rodgers, al obligarlos a correr varias pruebas para entrar a formar parte del equipo. Ambos sufrieron lesiones que les dejarían secuelas tanto físicas como psicológicas, y todo por una carrera que al final ninguno de los dos disputaría y en la que probablemente tampoco hubieran obtenido medalla. Para cuando llegaron a Montreal, los dos estaban agotados, maltrechos y muy lejos de su mejor estado de forma.

El plan de Shorter para la maratón era el mismo que en Múnich: imprimir un ritmo fuerte desde el inicio y tratar de distanciarse del resto de corredores. Los problemas empezaron durante el calentamiento, cuando la suela de goma de sus zapatillas se separó de la tela. Luego, mientras esperaba ansioso que le llevaran otro par, se puso a llover. Shorter detestaba correr mojado e incómodo. Se ponía tenso y creía que eso repercutía en su rendimiento. Las zapatillas llegaron, pero seguía lloviendo, así que cinco minutos antes del inicio de la prueba, mientras saltaba a la pista, decidió que lo mejor era contenerse y correr de forma más conservadora.

Por su parte, Rodgers se había pasado tres días echado boca arriba en su habitación con la esperanza de que el dolor del metatarso derecho desapareciera. Sin embargo, seguía doliéndole, y el tratamiento médico que recibía era rudimentario y limitado, lo que le producía frustración y rabia. «Parece increíble —escribiría más tarde— que el personal de Montreal no me prestara una mejor asistencia, a mí, el atleta con el mejor tiempo de clasificación en mi prueba, lesionado y cojo en la villa olímpica.» Aunque ambos representaran las mejores opciones de medalla en las pruebas de larga distancia para Estados Unidos, los fondistas eran el pariente pobre de los velocistas, más fuertes y mejor formados que ellos. Estaban solos —tanto a la hora de entrenar como de recibir tratamiento— y, para bien o para mal, los médicos estadounidenses hacían gala de una ignorancia deplorable al atenderlos.

Así pues, cuando Shorter y Rodgers se colocaron en la línea de salida de la maratón, no solo no estaban al cien por cien, sino que además se encontraban en desventaja competitiva frente a algunos atletas del bloque del Este que hacían trampas con rigor científico. Aun así, eran campeones: Shorter había sido medalla de oro en 1972 y partía como gran favorito, y Rodgers tenía la mejor marca del año. Los demás corredores los observaban con recelo y tratarían de adaptar sus estrategias en función de lo que ellos hicieran. Cuando sonó el disparo, la mayor parte de sus rivales no les quitaba el ojo de encima.

Un grupo de una docena de hombres se situó rápidamente en cabeza. Además de Shorter y Rodgers, entre ellos estaban Jerome Drayton, Lasse Virén y un corredor de Alemania Oriental llamado Waldemar Cierpinski. Rodgers corría cerca de la primera posición, con Shorter un poco más atrás según su nueva estrategia. El plan de

Virén era correr pegado a Shorter todo el tiempo posible, «como un delfín que sigue a un barco», diría. Pero Shorter jugaba al escondite: de pronto se quedaba atrás y dejaba que otro corredor se interpusiera entre ellos; Virén aminoraba hasta encontrar al estadounidense y entonces Shorter cambiaba de ritmo y volvía a introducirse en el grupo. En uno de los puestos de agua, los corredores se separaron y Shorter levantó el brazo en dirección a Virén como diciendo «estoy aquí». Podía parecer un gesto de camaradería, pero en realidad era una artimaña psicológica para darle a entender al finlandés (y a todos los que lo vieran) que estaba tan fresco que podía permitirse jugar con sus rivales.

Entretanto, Rodgers empezaba a sentir molestias. Pasados diez kilómetros, supo que la carrera no iba a ser suya, y no porque le doliera el pie —que le dolía—, sino porque al no haber hecho ejercicios de velocidad por culpa de la lesión le resultaría imposible mantener el paso de los líderes por mucho tiempo. La media era de cinco minutos por milla, y el único modo de aguantar ese ritmo cómodamente es haber corrido muchas series de 4:40 en los entrenamientos. Ninguna distancia compensa la velocidad, porque el corazón, los pulmones y los músculos necesitan estar entrenados para funcionar en su límite anaeróbico. Rodgers no se había entrenado y ahora lo estaba pagando. Poco después, se quedó descolgado del grupo de cabeza.

Justo antes de los veinte kilómetros, Shorter se escapó. Según sus palabras, «fue más un esprint que un cambio de ritmo». La intención era ver quién lo seguía, pero el efecto no fue el obtenido en Múnich: seis hombres seguían pegados a él. Hacia el kilómetro veinticinco, volvió a acelerar, y esta vez se deshizo de todos menos de un corredor al que tomó por el portugués Carlos Lopes.

Al igual que Lopes, el corredor medía 1,70 metros, era de constitución fuerte y lucía una camiseta blanca sin insignia visible. Lopes había terminado segundo por detrás de Virén en la final de los 10.000 metros cinco días antes y participaba también en la maratón, a pesar de que nunca antes había corrido una. Shorter solo había visto a Lopes de refilón en la pista, lo que explica su confusión con respecto a la identidad del hombre que correría a su lado los próximos diez kilómetros, acelerón tras acelerón, esprint tras esprint. Ese hombre era en realidad Waldemar Cierpinski.

Cierpinski era casi un desconocido, pero había corrido la clasificatoria de Alemania Oriental en 2:12:22 y era la mejor baza que tenía su país. Anteriormente había competido en obstáculos, pero la victoria de Shorter en Múnich lo había animado a probar en larga distancia. De hecho, más tarde explicaría lo maravillosa que había sido la sensación de correr junto al estadounidense y «mirar directamente a los ojos del hombre que había sido mi ídolo en la maratón. Lo sabía todo de él. Aunque, por su manera de mirarme, me di cuenta de que él sabía poco o nada de mí».

¿Habría podido ganar Shorter de haber sabido que su rival era un maratonista experimentado, con las piernas frescas, en lugar de un novato que acababa de ganar la plata en pista? Shorter, ciertamente, corrió sin hacer concesiones y lanzó varios ataques, pero, cada vez que intentaba distanciarse de Cierpinski, el alemán volvía a alcanzarlo. Quizá de haber sabido que se enfrentaba a un maratonista y no a un atleta de pista habría tratado de neutralizarlo antes. En cualquier caso, corría con toda la agresividad de que era capaz y apretaba el paso a cada giro. Es cierto que la lluvia y la rigidez que sentía en las piernas le dificultaban la marcha, pero es que además se las veía con alguien que jugaba con ventaja.

Cuando Cierpinski decidió atacar, Shorter no fue capaz de reaccionar. Durante un ligero descenso en el kilómetro treinta y dos, el alemán logró sacarle una ventaja de casi treinta metros que, poco a poco, fue aumentando hasta noventa. A cinco kilómetros de la meta, Shorter intentó el contraataque y recortó la mitad de la distancia, pero Cierpinski volvió a escaparse y Shorter no pudo hacer nada por impedirlo. Al entrar en el estadio, Cierpinski le llevaba una ventaja de cincuenta segundos. Pensando que todavía le faltaban cuatrocientos metros, dio la vuelta a la pista mientras Shorter cruzaba línea de meta y lo esperaba. El tiempo de Cierpinski fue de 2:09:55, nuevo récord olímpico. Shorter quedó segundo con un tiempo de 2:10:46. Bill Rodgers acabó como pudo en 2:25:15.

La maratón ponía fin a unos juegos que se recordarán también por la victoria de Bruce Jenner en el decatlón, la doble victoria de Alberto Juantorena en 400 y 800 metros y las tres medallas de oro de Nadia Comaneci. Cinco boxeadores estadounidenses —Sugar Ray Leonard, Michael y Leon Spinks, Leo Randolph y Howard Davis Jr.— lograron el oro y todos a excepción de Davis llegarían a ser campeones del mundo. Aun así, los juegos resultaron un desastre económico para Montreal y la ciudad arrastró la deuda durante décadas. Además, los países africanos los habían boicoteado en protesta por la gira de la selección neozelandesa de rugby por Sudáfrica. La Unión Soviética y Alemania Oriental ocuparon el primer y el segundo lugar respectivamente en el medallero, pero sus triunfos quedaron empañados por las acusaciones de dopaje. Cuando la nadadora estadounidense Shirley Babashoff acusó a sus rivales de usar esteroides —como demostraban su masa muscular y la gravedad de sus voces—, el Comité Olímpico de Alemania Oriental respondió diciendo que habían ido a nadar, no a cantar.

Muchos años después, cuando los archivos de la Stasi, la policía secreta de la República Democrática Alemana, quedaron abiertos al público, salió a la luz el Plan Estatal 14:25, un programa de dopaje oficial destinado a atletas olímpicos. Durante el tiempo que el plan estuvo vigente, las nadadoras alemanas batieron ciento treinta récords y ganaron la mitad de las medallas olímpicas a las que optaron. Durante esos años, la República Democrática Alemana se convirtió en una potencia olímpica y su presencia fue constante en las primeras posiciones del medallero. Uno de los nombres que figuraban en el plan, en la página 105, con el número de código 62, era el de Waldemar Cierpinski.

Rudy Chapa y Alberto Salazar entrenando en la Universidad de Oregón.

Cortesía de la Universidad de Oregón

De izquierda a derecha: Bob Hodge, Vince Fleming, Randy Thomas, Bill Rodgers, Frank Shorter, Tom Derderian y George Reed llegan al tramo de playa en la carrera de Falmouth de 1976.

Cortesía de Charlie Rodgers

10

TRES HOMBRES Y UN DESTINO (1976)

En pista, iban a verte tus padres y veintidós personas más.
En asfalto, eras una estrella.

MIKE ROCHE

Alberto Salazar estaba con su padre y su hermano en Washington Street, en Wellesley, Massachusetts. Desde ahí podían oír el «túnel de gritos»: varias hileras de jóvenes alumnas del Wellesley College que abarrotaban la calle y gritaban al paso de los corredores de la maratón de Boston de 1975. Wellesley era el punto medio de los 42,195 kilómetros de recorrido, y las universitarias se preciaban de animar con sus voces a todo aquel que pasara por delante.

La calle se llenó con el estruendo de las motocicletas de la policía y de la camioneta de prensa y, justo detrás de ellas, apareció un tipo delgado y de pelo pajizo al que Alberto reconoció al instante. Fue como estar presenciando la ceremonia de los Oscar y ver al vecino de enfrente subiendo al escenario para recoger la estatuilla dorada. «¡Yo conozco a ese tipo! —gritó Alberto—. ¡Corre conmigo!» Los tres Salazar vieron pasar a Bill Rodgers con su camiseta pintada a mano con las siglas del GBTC, el club al que José había accedido que su hijo fuera a correr los martes por la tarde. Después de todo, a lo mejor no eran comunistas.

La victoria de Rodgers en Boston inauguró un nuevo capítulo en la historia del *boom*, un momento de emoción y júbilo también para el joven Salazar, en quien dejaría una profunda huella. Solo tenía dieciséis años, pero acababa de ver que su futuro estaba vinculado a la maratón. Pensó que si Rodgers podía correrla, él también podría.

Alberto era capaz de correr al paso de Rodgers cuando entrenaban en el GBTC, y si hubiera tenido su edad, incluso habría podido correr más rápido que él. Si seguía entrenándose, pensó, nada le impediría superar los récords de Rodgers y convertirse en el mayor corredor de fondo de Estados Unidos.

Tal vez no fueran más que delirios de grandeza de un adolescente, en cuyo caso, hizo bien guardándoselos (en buena medida) para sí. Por entonces, todavía no había conseguido invitar a salir a ninguna chica ni había logrado ganarse el respeto de los chicos más populares del instituto. La confianza de que hacía gala en la pista no tenía traducción en el mundo real, y se pasó la mayor parte del último curso escudado tras su mirada torva y los entrenamientos. Era un marginado y lo sabía, pero también era rápido. Correr le servía como excusa para no acudir a las fiestas o al baile y la ceremonia de graduación, y le ayudaba a fingir que le daba igual no haber tenido ninguna novia.

Además, casi siempre estaba enfermo. Su eterna batalla con la mala salud y las lesiones empezó a edad muy temprana. Más tarde atribuiría sus continuas infecciones de bronquios y faringitis a un caso no diagnosticado de asma de ejercicio, aunque las enfermedades del sistema inmunitario también pueden tener su causa en la actividad física intensa. Un adolescente —que necesita más tiempo de sueño que un adulto—, cuyo sistema inmunitario todavía está desarrollándose y que se halla continuamente expuesto a los virus de sus compañeros de clase, es como una placa de Petri ambulante. Aunque el asma puede provocar bronquitis, rara vez causa faringitis. También es poco probable que permaneciera en estado latente mientras Salazar corría algunas de sus mejores carreras para reaparecer al finalizar estas. En *14 Minutes*, su libro de memorias, Salazar explica que un día se levantó con faringitis y salió a correr una hora por la nieve. Al volver, tenía la nariz congelada y temblaba incontroladamente. No es de extrañar, pues, que sufriera infecciones con frecuencia.

Alberto castigaba su cuerpo como quien busca expiación por sus pecados. Aunque se rebelaba contra el catolicismo estricto de su padre, la religión se le manifestaba en la carretera. En términos de kilometraje, nunca corrió más que Shorter o Rodgers, por más que luego asegurara correr más de trescientos veinte kilómetros por semana. Quizá ni siquiera corriera con más intensidad. (Podríamos debatir si alguna vez llegó a hacer algo comparable a las dieciséis series de un cuarto de milla de Shorter en altura.) Lo que sí es cierto es que empezó a entrenar muy joven, cuando su cuerpo todavía no estaba preparado, y que eso tendría efectos devastadores sobre su futuro.

Para algunas personas, el dolor es una señal de alerta. Para Salazar, era la señal de que algo estaba haciendo bien. Cada vez que superaba el umbral del dolor, se convencía de que era más duro y más fuerte que los demás. Correr era una suerte de sadomasoquismo, un suplicio que le reportaba placer. Tal vez fuera desgarbado y poco popular, quizá no tuviera la gracia de Ricardo o el carisma de su padre, pero en la carretera era inmortal, como un semidiós con camiseta y zapatillas de atletismo.

Las universidades empezaron a llamar a su puerta. El atletismo no era como el fútbol americano, pero para algunos Salazar valía su peso empapado en sudor. Centros como los de Vilanova y Wisconsin tenían una larga tradición de atletismo de fondo, y ahí su delgadez era una baza, no un inconveniente. Su padre quería que fuera a Harvard a estudiar medicina, el sueño de todo inmigrante, y le decía que el atletismo no le ayudaría a pagar las facturas ni a sobrevivir en un tiroteo contra los comunistas. Pero Alberto no pensaba como él. Correr era su futuro, el único plan de su vida, y en ningún momento se planteó hacer otra cosa. Sus compañeros de instituto irían a Tufts, a Bowdoin, a Williams, a Brown, las universidades más prestigiosas de Nueva Inglaterra, con sólidas credenciales académicas. Alberto no quería eso. Sus aspiraciones se limitaban a dos universidades, Stanford y Oregón, y no por sus programas académicos.

Stanford era una exclusiva universidad privada situada en las estribaciones de Palo Alto, California, con un amplio historial de campeones olímpicos y nacionales. Su arquitectura de estilo misión y su agradable clima atraían a Alberto como una rubia de piernas perfectas. La Universidad de Oregón, un centro público carente de los recursos de Stanford, con sede en la lúgubre y lluviosa ciudad de Eugene, tenía una reputación académica cuanto menos mediocre. La mayoría de sus estudiantes eran muchachos de la Costa Oeste que no habían podido entrar en universidades públicas de mayor prestigio, como las de California y el estado de Washington. Stanford era la «Harvard del Oeste», mientras que Oregón era como la Universidad de Binghamton, solo que sin nieve.

Lo que sí tenía Oregón —en parte porque carecía de los recursos económicos de Stanford— era un programa de atletismo incomparable. Oregón era el estado natal de Bill Bowerman y Steve Prefontaine, dos leyendas del atletismo que le daban al campus algo de lo que presumir. Oregón no podía competir con el departamento de ingeniería, el equipo de baloncesto o la facultad de medicina de Stanford, pero tampoco lo pretendía. Se centraba en el equipo de atletismo y mimaba a sus chicos como si fueran héroes de guerra. El estadio de Stanford tenía capacidad para ochenta mil espectadores, mientras que en el estadio de Hayward Field solo cabían unos once mil, pero Hayward se venía abajo cada vez que había una competición y se llenaba hasta los topes de seguidores que sabían apreciar una buena carrera de fondo. Era tierra sagrada y poblada de recuerdos, lo cual servía de inspiración a todos quienes competían en ella. Para Salazar, Hayward Field era lo que el estadio de los Yankees para los aficionados al béisbol.

El entrenador Bill Dellinger, uno de los hombres de Bowerman, se desplazó hasta Boston para conocer a la familia Salazar. José le mostró los vídeos de las carreras de Alberto hasta bien entrada la noche, cosa que avergonzó al muchacho e hizo que a partir de entonces Dellinger se lo pensara dos veces antes de volver a hacer esa clase de visitas. No obstante, esa primavera también hizo otro viaje, esta vez a Indiana, para visitar a Rudy Chapa. Chapa era uno de los corredores más prometedores del país de todos los tiempos. Poseía el récord nacional de institutos en la doble milla —título que mantuvo durante treinta y siete años— y en los 10.000 metros —aún vigente—. Durante su época de estudiante, corría la milla en 4:04 y llegó a romper la barrera de los cuatro minutos en una carrera. (Dellinger consideraba a Chapa el segundo mejor corredor al que había entrenado, por detrás de Prefontaine.) Al igual que Salazar, Chapa estaba enamorado del aura mística de Oregón, y ambos se pasaron la noche hablando por teléfono acerca de su elección. Chapa había apostado por Oregón desde el principio y no tardó mucho en convencer a su nuevo amigo Alberto para que hiciera lo mismo.

Salazar no veía el momento de irse de Wayland y de la casa paterna. El carácter y la volatilidad de su padre lo irritaban, y discutían con frecuencia. El primer día de universidad parecía no llegar nunca, y el muchacho contaba las horas que faltaban para su liberación. Salazar se perdió el baile de fin de curso para disputar un campeonato regional e incluso se saltó la graduación para asistir a los campeonatos nacionales de atletismo en pista en categoría júnior. Correr era lo más importante, lo único que le permitía expresarse y sentirse a gusto.

La semana antes de irse, sus compañeros del GBTC lo convencieron para que se desplazara hasta el cabo Cod para participar en una carrera ideada por el barman del Eliot Lounge, al que Salazar había visto cuando el equipo se dignaba a invitarlo a unas cervezas. Todo el mundo iba a ir, incluido Bill Rodgers, que acababa de volver de su desmoralizante actuación en los Juegos Olímpicos de Montreal y ansiaba volver a vérselas con Shorter sobre el asfalto. Salazar se lo tomó como la ocasión para decir adiós a una vida que pronto esperaba dejar atrás, así que aceptó encantado.

Más de dos mil personas se habían inscrito en la cuarta edición de la carrera de Falmouth, y otras quinientas correrían de manera extraoficial. Treinta y cinco mil espectadores habían tomado las calles para presenciar la prueba. Todos los hoteles de la ciudad estaban llenos, y los bares y restaurantes hicieron su agosto durante el fin de semana. Exceptuando la maratón de Boston, Salazar nunca había visto a tanta gente reunida para asistir a un evento.

Aunque Alberto no fuera consciente de su importancia en ese momento, la carrera de Falmouth de 1976 sería la primera vez que se enfrentaría a Frank Shorter sobre el asfalto, y la primera en que Salazar, Shorter y Rodgers correrían juntos. Para Shorter, Salazar no era más que un niño del que apenas guardaba recuerdo, y para Rodgers, Alberto era un chico al que todavía le faltaban años de entrenamiento para poder triunfar. Sin embargo, el muchacho, de solo dieciocho años, no se dejó intimidar. Sabía que se enfrentaba a los dos mejores fondistas del mundo, pero, teniendo en cuenta que la distancia de Falmouth era más bien corta, estaba convencido de que podría plantarles cara. Shorter y Rodgers habían disputado la maratón olímpica dos semanas antes, y quizá sus cuerpos no se hubieran recuperado todavía. Su intención era no distanciarse mucho de ambos. Si uno de los dos flaqueaba, quién sabe lo que podía ocurrir.

Por segunda vez en cuatro años, el tiempo aguó la fiesta. La mañana del domingo 15 de agosto, los chubascos amenazaban con convertir el trazado en una piscina. El agua era más que una incomodidad. Los atletas de élite podían resguardarse en las furgonetas y vehículos de apoyo de sus entrenadores, pero el resto de participantes tendrían que resignarse a aguantar el frío y ver cómo las zapatillas y la ropa se les empapaban hasta el momento de empezar la carrera. El suelo estaría resbaladizo y la meta se convertiría en una charca inmunda en la que cientos de voluntarios tendrían que aguantar varias horas bajo la lluvia.

Por suerte, el aguacero cesó bastante antes de mediodía y el sol incluso llegó a asomarse entre el cielo encapotado. Para cuando los corredores se situaron en la muy adecuadamente llamada Water Street, en Woods Hole, la mayoría de las pruebas del diluvio se habían evaporado, a excepción de unos pocos charcos y las aceras mojadas.

Salazar se reunió con sus compañeros de equipo tras la línea de salida, saludó lacónicamente a Rodgers y se presentó a Shorter, que en ese momento estaba rodeado de admiradores. Shorter era el fondista más famoso del mundo, dos veces medallista olímpico, y acaparaba toda la atención. Rodgers era el plusmarquista en maratón y el favorito de la afición, pero aun así las apuestas se inclinaban por Shorter.

Con la cuenta atrás ya en marcha, la organización trató de colocar a todos los corredores tras la línea de salida. John Carroll se había subido a los escalones del antiguo cuartel de bomberos y, mientras gritaba instrucciones a través de un altavoz, Rich Sherman llegaba con los más rezagados por el puente levadizo. Movilizar a dos mil personas era difícil, si no imposible. Los de delante retrocedían un par de pasos, pero los de detrás no se movían. Los sudorosos cuerpos de los corredores se apiñaban unos contra otros. «¡Muévanse!», gritaba Sherman, pero era como hablarle a una pared.

Ningún manual explica cómo organizar la logística de una carrera, y hasta ese año no habían tenido que manejar a tantos corredores. De pronto, Falmouth se había convertido en un caso de estudio en materia de control de masas, y la organización tenía que hacerse cargo tanto de la gestión del tráfico como de la planificación de la prueba y el saneamiento. Los vecinos se quejaban de que la gente que entraba a orinar (y defecar) en sus jardines, y el departamento de policía y la cámara de comercio, de los atascos y los retrasos del transbordador. Ni Sherman ni Carroll tenían experiencia en planificación de grandes acontecimientos y, junto con Kathy y Lucia, sus esposas, improvisaban soluciones sobre la marcha, sopesaban detalles y preparativos, y discutían como un viejo matrimonio al que solo los hijos le impide separarse.

Por fin, Shorter logró poner los pies tras la línea de pintura. Rodgers no andaba muy lejos, y Salazar se encontraba solo unos pasos más allá. Los corredores se prepararon para el pistoletazo y la multitud sintió el pálpito de su energía. La sensación no era solo de impaciencia; era la emoción de saber que todo es posible, de que se está en presencia de los mejores, una sensación de optimismo irrefrenable ante la carretera, la expectación por ver quién arroja el guante. De repente, sonó la pistola y los corredores se lanzaron a la carga.

Cuatro mil pies cruzaron el puente levadizo, los últimos casi caminando. Los líderes se alejaron de la confusión enseguida y, al llegar a la primera subida, ya habían formado un grupo separado del pelotón de aficionados. Amby Burfoot, el antiguo compañero de cuarto de Rodgers, ocupaba la primera posición, seguido de cerca por su compañero del GBTC Bob Hodge, que se quedó descolgado a la altura del faro de Nobska.

Había humedad y nadie se decidía a acelerar el ritmo. Durante los primeros tres kilómetros, los líderes formaron un grupo compacto, pero a partir del kilómetro cinco Rodgers y Shorter empezaron a desmarcarse de sus rivales de manera más o menos involuntaria: se limitaban a seguirse el ritmo mutuamente, pero a cada zancada se alejaban unos centímetros de sus rivales. Durante el siguiente kilómetro y medio, su ventaja fue en aumento según se ensanchaba la carretera. Salazar se colocó en el segundo grupo junto con Burfoot, Hodge y otros corredores del GBTC. Todos ellos esperaban que los dos cayeran derrengados para así encontrar un hueco y tomar la delantera.

A pesar de que Shorter —moreno, de zancada ligera, alta y eficaz— y Rodgers —rubio, de pisada blanda y desmañada— no tenían nada en común, ambos corrían con una extraña sintonía; respetaban demasiado a su contrario como para ponerse a rebufo y, al mismo tiempo, les faltaba confianza para atacar. Sus brazos se movían al unísono; sus pies se posaban en el suelo de forma simultánea. Por separado, eran como dos coches de carreras de diferentes marcas, propulsados por motores distintos y equipados cada cual con sus neumáticos, pero juntos, corrían como una misma máquina.

A tres millas del final, Shorter, al igual que la vez pasada, hizo un cambio de ritmo y Rodgers no pudo seguirlo. Shorter le sacó una ventaja que aumentaba a cada paso que daba en dirección al puerto y Falmouth Heights. El público, que formaba una hilera ininterrumpida, lo animaba silbando, dando palmas y coreando su nombre. En el momento de empezar la última subida, llevaba más de ciento ochenta metros de ventaja sobre Rodgers y avanzaba directo hacia su segunda victoria consecutiva. Cruzó la línea de meta en 33:13, nuevo récord de la prueba. Rodgers llegó veintitrés segundos más tarde, más rápido que el año anterior, pero no lo suficiente.

En el segundo grupo llegaron varios de los corredores del GBTC: Randy Thomas, George Reed y Alberto Salazar, que gracias a su paso veloz y enérgico se había impuesto a Amby Burfoot y Bob Hodge y había acabado quinto. Era su última carrera como corredor de instituto, la primera contra Frank Shorter y la primera batalla de su guerra con Bill Rodgers por convertirse en el rey del asfalto.

Bill Rodgers gana su primera maratón de Nueva York en la primera edición de esta por los cinco distritos de la ciudad.

© AP Photo/Gtresonline

11

NEW YORK, NEW YORK (1976)

Fue como si todo Estados Unidos
se hubiera puesto a correr a la vez.

AMBY BURFOOT

Como de costumbre, el Brothers Four era un desfile de *freaks*, bufones y atletas de fondo. La cerveza corría por doquier, y en la máquina de discos sonaba un tema roquero de una banda que llevaba el mismo nombre que su ciudad natal. Al igual que la ciudad, los Boston fueron en buena medida ignorados hasta que la suerte, la coyuntura y algunos arreglos afortunados los catapultaron a los primeros puestos de las listas.

Durante años, Boston fue una de las únicas dos ciudades de Estados Unidos que organizó una maratón de forma periódica. (La otra era Yonkers.) Gracias a su nutrida comunidad universitaria, el número de corredores aumentaba al mismo ritmo que el índice de desempleo de otras ciudades. Cuando la moda peatonista se apagó, Boston mantuvo encendida su llama organizando carreras por equipos, jornadas atléticas y, por supuesto, la carrera que partía de Hopkinton cada tercer lunes de abril. Boston apenas destacaba en el plano urbanístico (con una red de metro que parecía diseñada por un niño), pero entre los corredores era como Shangri-La.

El *boom* se gestó en lugares como Boston y algunas oscuras ciudades de provincias que supieron apostar por el atletismo en el momento oportuno. Desde Falmouth a la Peachtree, pasando por Lynchburg y Bix, la mayor parte de las carreras por asfalto de Estados Unidos surgieron en lugares aparentemente aleatorios cuyos únicos rasgos comunes eran la peculiar visión de un héroe local y la congregación de un grupo de almas afines. Falmouth no tenía gran cosa que ofrecer en materia de atracciones turísticas —ni playas de arena ni aguas templadas— y no podía competir con sus vecinas del cabo, como Wellfleet, Truro o Provincetown. Sin embargo, el ingenio de Tommy Leonard y los abnegados esfuerzos de John Carroll y Rich Sherman lograron ponerla en el lugar adecuado en el momento oportuno.

A diferencia de en el sector inmobiliario, el concepto de «situación» apenas tenía importancia en atletismo. Los fondistas corrían ahí donde les dejaban, y si para ello había que soportar el calor, la humedad y los saltamontes de las Quad Cities en verano, se soportaba. Por aquel entonces, los corredores —reconocibles por los labios resecos y las rodillas huesudas— formaban una fraternidad bien avenida, aceptaban resignados su papel como ciudadanos de segunda y se contentaban con llenarse los pulmones de aire fresco y los músculos de glicógeno... y con que no los arrollara un autobús.

Pero las cosas estaban a punto de cambiar. Aunque Falmouth se había subido a la ola cuando esta empezaba a formarse, sería el tipo que ahora estaba de pie junto a la máquina de discos del Brothers Four quien lograría subirse a su cresta. El tipo bebía y se movía al son de la música, palpando las notas de aquel nuevo ritmo.

Fred Lebow había nacido en Rumanía en 1932 con el nombre de Ephraim Fishl Lebowitz. Sobrevivió al Holocausto y, en 1949, emigró a Nueva York, donde se cambió el nombre. Su delgadez, la nariz ganchuda y las espaldas caídas le conferían el aspecto de un ave astuta, acaso un águila o un halcón. De joven se había dedicado al contrabando de diamantes entre Bélgica e Inglaterra; los envolvía en condones y se los introducía en el cuerpo. Más tarde, empezaría a trabajar en el Distrito Textil de Nueva York, donde acabaría abriendo su propia tienda de imitaciones de productos de diseñadores.

Lebow era un gran aficionado al tenis y había empezado a correr con el único propósito de ganar resistencia. Sin embargo, pronto se convirtió en una pasión y una obsesión. Tal y como dijo George Hirsch, editor de las revistas *New York* y *Runner's World*, Lebow era «una combinación de sumo sacerdote del deporte y de promotor al estilo P. T. Barnum: un hombre con una misión». Carecía de aficiones u otros intereses, nunca se casó y se lanzó a correr con el ahínco de un hombre desesperado, desoyendo la razón y los consejos de sus amigos más sensatos. En cierta ocasión, por Fin de Año, cayó en que le faltaban diecinueve millas para cumplir su objetivo anual de dos mil quinientas. Por entonces vivía con una mujer y la pareja había sido invitada a una cena formal, pero él prefirió pasarse la noche corriendo por la nieve de Central Park. Cuando volvió, todas sus pertenencias estaban apiladas en el vestíbulo con una nota de despedida.

Lebow encarnaba el espíritu de la época. «Para mí, correr es como un oasis en mitad de la vida —le dijo a un periodista—, el único ámbito en el que, a diferencia de en los negocios o en las relaciones, no existen ni los excesos ni la traición. En mi diario nunca pondré que he corrido un kilómetro más de los que de verdad he corrido. Cuando corro soy absolutamente sincero.» El hecho de carecer de velocidad y talento no lo desanimaba.

Su primera competición fue una carrera de cinco millas consistente en dar once vueltas al estadio de los Yankees; terminó segundo por la cola. En su primera maratón, la maratón de Cherry Tree, en el Bronx, registró un tiempo de 4:09. A pesar del tráfico, los grandes bloques de pisos y los niños que tiraban piedras a los corredores, la experiencia lo enganchó. Le encantaba el ambiente de compañerismo que se respiraba y el que los atletas de fin de semana pudieran correr codo con codo con la élite. Su biógrafo, Ron Rubin, sugirió que su condición de judío y el haber vivido una infancia solitaria lo empujaban a buscar el calor de la gente. Correr era su manera de formar la familia que nunca había tenido.

Lo que Lebow no entendía era cómo a alguien podía habérsele ocurrido celebrar un acontecimiento social a la sombra del estadio de los Yankees una fría mañana de febrero. La maratón de Cherry

Tree recorría Sedgwick Avenue, una vía gris, deprimente y solitaria que se caracterizaba por la ausencia de coches y de público, no por su belleza. En lugar de agua, a los corredores les ofrecían burbon.

Lebow creía que correr no tenía por qué ser una actividad restringida a los más veloces y entregados, esas élites que disfrutaban presumiendo de sus parciales y métodos de entrenamiento. Como Tommy Leonard, lo que quería era compartir su pasión con la masa, pero a diferencia de Tommy, para él la élite era el medio de lograr ese fin. Lebow era, ante todo, un hombre de negocios, y si el elitismo le impedía vender su producto al gran público, prefería olvidarse de él. No es de extrañar que precisamente este fuera el origen de su conflicto con los atletas a los que cortejaba.

Con el fin de sumar adeptos, Lebow solicitó al New York Road Runners Club que trasladara la maratón de Cherry Tree a Central Park, pero el club rechazó su propuesta, en parte porque el parque se consideraba demasiado inseguro como para atraer a los corredores. Inaccesible al desaliento, Lebow presentó su propuesta directamente al departamento de parques y jardines de la ciudad. Prometía la ayuda de millonarios anónimos que, según él, sufragarían el coste de la carrera. Para su sorpresa, el departamento mordió el anzuelo y dio su visto bueno. Había nacido la maratón de Nueva York.

La carrera inaugural se celebró el 13 de septiembre de 1970 y no fue, ni mucho menos, un éxito clamoroso. A la hora de la salida, la temperatura era de 26,6 grados, y, según el semanario *Sports Illustrated*, el número de vendedores ambulantes superaba al de atletas. Cuando los corredores pasaban, los vendedores gritaban: «¿Por qué tanta prisa? Párate y cómprame un pretzel». 127 personas, entre ellas dos mujeres, abonaron el dólar que costaba la inscripción, pero solo 55 llegaron al final. El bombero neoyorquino Gary Muhrke, que había trabajado la noche anterior, fue el ganador con un tiempo de 2:31:39.

En 1975, la carrera contaba ya con 534 participantes. Como entorno, Central Park era mejor que las decrépitas calles del Bronx, pero el recorrido seguía siendo aburrido y repetitivo, y además los corredores tenían que vérselas con ciclistas, peatones, perros, jinetes a caballo y camellos.

La cosa pudo haber quedado ahí —con los corredores luchando por un pedazo de suelo mientras, a su alrededor, la ciudad seguía a lo suyo— si George Spitz, auditor municipal y corredor, no hubiera propuesto que la carrera atravesara los cinco distritos de la ciudad para conmemorar el bicentenario del país. Al principio, a Lebow le pareció que la idea de cortar las calles de la ciudad para celebrar una competición atlética de aficionados era una locura. El coste de la maratón sería prohibitivo, y la logística, un rompecabezas. Por no hablar del riesgo personal: un asesino conocido como «El Hijo de Sam» andaba suelto y las calles no eran lugar seguro para los niños ni para nadie. Times Square no era, como es hoy, una especie de parque de atracciones, sino un barrio de mala muerte frecuentado por matones y prostitutas. Los vecinos del lugar procuraban llevar siempre algo de dinero en la billetera para que los atracadores no les dispararan o les clavaran una navaja. Según Jim Dwyer, columnista del *New York Daily News*, «el City Hall estaba en la bancarrota. Los negocios se iban a otras zonas. El Bronx estaba en llamas. La impresión general era que lo que la gente quería era huir de Nueva York, y no ponerse a correr por ella».

Pero Spitz no se desanimó. Se entrevistó con el presidente del distrito de Manhattan, Percy Sutton, que en 1975 había mostrado su apoyo a la maratón. A Sutton lo atrajo enseguida la idea de que la carrera recorriera los cinco distritos para celebrar la diversidad étnica de la ciudad, y prometió que ayudaría a financiarla. Él mismo se dirigió a Abraham Beame, el alcalde, para lograr su visto bueno. Beame tenía mil cosas más de que preocuparse, pero como Sutton le prometió «ocuparse de todo», acabó aceptando, pues «le pareció que sería bueno para Nueva York».

Sutton obtuvo un patrocinio de 25.000 dólares de los promotores inmobiliarios Jack y Lewis Rudin. Gracias al dinero y al apoyo político, lo que parecía una quimera empezó a hacerse posible. Al ver que el viento soplaba a favor, Lebow, pragmático como siempre, dejó a un lado sus objeciones, obtuvo el patrocinio adicional de Manufacturers Hanover y Finnair, y colaboró con Sutton y los miembros del New York Road Runners Club (del que en ese momento era presidente) en la elaboración del trazado.

De pronto, Lebow tenía una carrera entre manos. Ahora, una vez agotado su capital político, lo importante era que fuera rentable. Puede que Lebow tuviera el corazón de un idealista, pero su cerebro era el de un pequeño comerciante. Sabía que para organizar una gran carrera, se necesitaban grandes nombres. Y los dos fondistas más célebres de Estados Unidos eran Frank Shorter y Bill Rodgers.

Con eso en mente, Lebow viajó a Falmouth en agosto de 1976. He aquí el motivo de su presencia en el Brothers Four, cerveza en mano, tratando de hacerse oír por encima de la música. Falmouth había conseguido lo que Lebow soñaba para Nueva York: la multitud, el espíritu, la cerveza. La maratón de Nueva York no podía compararse con la carrera de Falmouth, que era una auténtica fiesta callejera. Con un número de participantes cuatro veces menor y un trazado menos competitivo, Nueva York ocupaba el escalafón más bajo en el circuito de las carreras de fondo, pero Lebow estaba dispuesto a poner fin a eso con la ayuda del campeón y el subcampeón de Falmouth.

Lebow felicitó a Shorter y rodeó con el brazo a Rodgers. Con sus detractores se mostraba impaciente e irascible, pero cuando la situación lo requería también sabía desplegar sus encantos. Era de esos tipos que caen en gracia, aunque luego te des cuenta de que te ha robado el reloj. Les describió los cambios realizados en la maratón de Nueva York: la carrera empezaría en Staten Island, continuaría por el puente Verrazano, cruzaría Brooklyn y Queens, entraría en Manhattan por el puente de Queensboro y subiría al Bronx para terminar en Central Park.

En realidad, no fue difícil convencerlos. Rodgers ya había corrido antes en Nueva York y nunca decía que no a una carrera. Shorter quería saber cómo se cortarían las calles para que los corredores pudieran pasar. A ambos les gustaba que la carrera se celebrara a mediados de septiembre. Se estrecharon las manos y el trató quedó cerrado.

Tras aceptar, sin embargo, Rodgers insistió en que le pagaran dos mil dólares por participar. Lebow se indignó; dijo que correr con los gastos del viaje era una cosa, pero que pagarle a alguien por el mero hecho de inscribirse era un escándalo. («¿Cree que voy a coger el dinero y no voy correr?», se preguntaría retóricamente Rodgers más tarde.) Daba igual que el evento supusiera el ingreso de varios miles de dólares para el New York Road Runners Club o que sin Rodgers (o sin Shorter) la carrera no fuera más que una marcha popular por los cinco distritos; Lebow esperaba que los atletas pusieran su tiempo al servicio de un bien mayor. Tanto si la causa de ello era el puro oportunismo o un idealismo desaforado, reflejaba el conflicto inherente entre la organización y los corredores de élite. Los primeros eran empresarios para los que correr era un medio de expresión colectiva, mientras que los segundos creían que su esfuerzo y su dedicación no eran distintos de los de otros atletas profesionales que recibían suculentas remuneraciones. Sea como fuere, Lebow cedió y el día antes de la maratón mandó a un mensajero con dos mil dólares en metálico al hotel de Rodgers.

Lebow tenía por fin su carrera. Con Shorter y Rodgers como gancho, y con el aliciente de cruzar Nueva York a pie, las inscripciones se cuadruplicaron. De un día para otro, una prueba modesta en un parque mugriento se había convertido en un festival en el que participaban algunos de los mejores fondistas del mundo. Lebow logró reclutar también a los británicos Ron Hill e Ian Thompson, al japonés Akio Usami y al finlandés Pekka Päivärinta, todos ellos corredores de primera fila y con posibilidades de victoria. La carrera se promocionó como la «Maratón del Bicentenario de los Cinco Distritos de Nueva York». Pasara lo que pasara, los organizadores estaban seguros de que pasarían a la historia; lo que no estaba tan claro era si conseguirían parar el tráfico.

A las diez de la mañana del 24 de octubre de 1976, los corredores se concentraron en la parte de Staten Island del puente de Verrazano. El día era claro y fresco, y la temperatura, la ideal para correr. Para los participantes, la imagen del agua y, al fondo, el perfil de Wall Street parecía una estampa imposible. Estaban a punto de embarcarse en una aventura de cuarenta y dos kilómetros por las calles de la metrópoli más moderna con el medio de locomoción más antiguo. La multitud empezaba a impacientarse. La ciudad se desplegaba ante ellos —literal y metafóricamente—, y por un día se sentían sus amos y señores.

Ni Rodgers ni Shorter prestaban mucha atención a las vistas. Cuando Percy Sutton dio el pistoletazo de salida, lo único en que pensaban era en los kilómetros que tenían por delante. Dejaron que Päivärinta se pusiera en cabeza y corriera a un ritmo de 4:45 por milla durante los primeros ocho kilómetros. En el kilómetro trece, les llevaba cuarenta y dos segundos de ventaja. Shorter no estaba impresionado. Se había enfrentado antes a Päivärinta, en Fukuoka. «Ese día se apagó como se ha apagado hoy», diría más tarde Shorter. Efectivamente: al llegar al kilómetro dieciséis, Rodgers y el británico Chris Stewart lo alcanzaron. Aguantaron unos instantes a su ritmo y, finalmente, lo adelantaron. Para cuando llegaron al puente de Queensboro, Päivärinta ya estaba bastante atrás.

Shorter también iba rezagado. Tenía molestias en el pie izquierdo y trataba de cargar el peso sobre el derecho, lo que hacía que su zancada fuera torpe e incómoda. Recorridos veintiún kilómetros, supo que no podría alcanzar a Rodgers. Veía a su rival a lo lejos, corriendo sin problemas, mientras que él no podía hacer más que luchar por aguantar dignamente. La conexión con los de delante empezaba a perderse; ahora la carrera era cosa de dos hombres.

Los corredores cruzaron el puente en dirección a la autovía Franklin D. Roosevelt. Para ello había que bajar dos tramos de escaleras. Rodgers no se podía creer que la carrera incluyera escaleras; no solo lo obligaban a aminorar la marcha, sino que eran un peligro. Como la organización no había podido cortar una sesentena de manzanas del centro de Manhattan, las escaleras eran el único medio de llevar a los corredores hasta la autovía, donde se había cerrado un carril. El río Este presentaba un color gris mortecino, pero por lo menos corría algo de brisa, y eso ayudaba a dispersar el humo del tráfico matutino.

Pese a la preocupación, Rodgers no tuvo problemas con las escaleras y, pasado el puente, ya no tuvo rival. Cambió de ritmo y se fue de Stewart de camino al Bronx. Desde ahí, giró en redondo y volvió a Manhattan por el puente de Willis Avenue. En Central Park tuvo que esquivar a varios coches y furgonetas de policía que se paraban delante de él y aparcaban. En la línea de meta reinaba el caos más absoluto, con la multitud empujando desde ambos lados. Familiares, amigos, seguidores y turistas atrapados en aquel imprevisto gentío esperaban la llegada de los corredores. Rodgers aceleró en la cuesta del Tavern on the Green y cruzó la línea con un tiempo de 2:10:10.

Más tarde escribiría que había sido «la mejor maratón para marcar un buen tiempo». Pero lo más importante era que había ganado a Shorter por tres minutos; su primera victoria sobre su rival en una maratón. Rodgers trataba de restarle importancia al asunto, pero sabía que para el público era el segundo mejor fondista de Estados Unidos. Incluso él mismo había empezado a dudar de su capacidad para derrotar a Shorter. Con todo, después de ese día, su confianza aumentó y comprendió que la predisposición mental puede determinar a veces la diferencia entre la victoria y la derrota. Todavía no había ahuyentado del todo el fantasma de Montreal, y el hecho de no ser medallista olímpico seguiría atormentándolo, pero por lo menos había logrado derribar la barrera psicológica que él mismo había levantado. Era como si le hubieran inyectado una dosis de confianza que le permitiría coronar la cúspide de la pirámide atlética durante la segunda mitad de esa década.

La maratón de Nueva York de 1976 también fue un gran éxito para la ciudad y para el deporte. Lo que para la organización tenía que ser un evento puntual se convirtió en una cita periódica. Desde sus inicios, ha atraído ya a más de un millón de participantes —con un máximo de cuarenta y cinco mil en una sola edición— y ha generado miles de millones de dólares de ingresos para la ciudad. Además, la carrera de ese año revolucionó la manera de publicitar las maratones; acabó con la mística de la maratón como prueba para fanáticos y logró el objetivo que Lebow se había marcado: convertirse en una prueba abierta. Pese a su origen relativamente reciente, cientos de maratones urbanas la tomaron como modelo a seguir.

Sin embargo, ese éxito contenía también la semilla del fracaso. A fuerza de querer popularizar su actividad favorita y acercarla a las masas, Lebow le causó un perjuicio al atletismo de fondo como deporte. Su afán por reclutar a atletas de élite como instrumento de promoción menoscababa su valor como atletas, y su empecinada negativa a pagarles una remuneración justa por sus esfuerzos suponía una falta de respeto hacia sus logros. A medida que el evento creció en tamaño e ingresos, la carrera en sí pasó a un segundo plano. Participar pasó a ser más importante que ganar, y esta disociación —entre terminar la carrera y competir por ganarla— repercutió de forma significativa en la actitud de la gente hacia el atletismo de fondo y el *boom*. Se acercaban horas negras para el deporte.

Bill Rodgers (n.º 2) corriendo por delante de Frank Shorter (n.º 1),
Alberto Salazar (n.º 20), Hillary Tuwei (n.º 41) y Rudy Chapa (n.º 21)
en la carrera de Falmouth de 1977.

© *AP Photo/Gtresonline*

12

TENDONES QUE UNEN (1977)

Entrenábamos hasta desfallecer. El resultado fue que Frank se convirtió en el mejor maratonista del mundo, así que quiero pensar que lo que hacíamos era productivo.

JACK BACHELER

Todos los corredores competitivos tienen unos diez años buenos en las piernas. Algunos, genéticamente más privilegiados, un poco más. Otros, menos afortunados, algo menos. Las explicaciones biológicas y bioquímicas son complicadas, pero en esencia se reducen a un solo concepto: elasticidad. Cuando es joven, el cuerpo se estira y se adapta a todo tipo de excesos y traumatismos. Durante la actividad física, los músculos se expanden y se contraen como una goma, en ocasiones hasta llegar al punto de ruptura. De hecho, para aumentar la masa muscular hay que *destruir* músculo. A medida que el cuerpo repara las estructuras celulares, los músculos crecen y se fortalecen. Pero con el tiempo, la elasticidad se resiente.

Frank Shorter notó que sus músculos hacían «pop» el 14 de febrero de 1976 durante una sesión de entrenamiento interválico en la pista cubierta de la Universidad de Colorado. Aquel «pop» no era precisamente el que sonaba en las radios de todo el mundo, aunque sus ondas sobrepasarían los límites del pie de Shorter y se dejarían sentir en toda la comunidad atlética. A lo mejor si hubiera tenido dos años menos, la lesión se habría curado de forma distinta o el tejido cicatricial que acabó formándose alrededor del ligamento afectado no habría requerido cirugía. Pero tenía veintiocho años, llevaba ocho años de carreras a cuestas y ya no era tan flexible como en su juventud. La lesión hizo que sus ligamentos y cuádriceps se volvieran más rígidos, con lo que aumentaba el riesgo de rotura. Estiraba con cuidado, pero no bastaba para distenderlos del todo. Como el *outfielder* fornido que sufre cuando le toca esprintar hacia la primera base, su debilidad era fruto precisamente de su buen estado físico. Un problema de edad.

Aunque los científicos no acaban de entender las causas del daño celular, se sabe que la disminución de las funciones celulares provoca el deterioro del tejido e impide que el cuerpo rinda a su nivel máximo. Algunos sugieren que los radicales libres —moléculas que poseen un electrón desemparejado de resultas de un proceso metabólico normal— dañan otras moléculas presentes en la célula robándoles los electrones, lo que provoca una reacción en cadena que en última instancia ocasiona la muerte de la célula. Los atletas, cuyo metabolismo funciona constantemente a altos niveles, son más susceptibles de sufrir daños celulares que un individuo pasivo (aunque compensan esta debilidad con un corazón más fuerte y un físico más magro). Es posible que la mutación genética también tenga algo que ver en ello: cuando la célula se divide, inevitablemente se producen errores que causan degeneración, muerte celular y «senescencia» (pérdida de la facultad regenerativa).

Sea cual sea su mecanismo, con el tiempo, la edad, los traumatismos, el estrés y las enfermedades contribuyen al deterioro del cuerpo humano. Las fibras musculares reducen su diámetro, lo que provoca pérdida de fuerza y resistencia, y las fibras musculares rápidas degeneran aún más rápidamente. (Y cuando no se las ejercita lo suficiente, pueden no recuperarse nunca.) A medida que la masa muscular decrece, es sustituida por grasa, agua y otros tejidos. Con el tiempo y los kilómetros, el tejido fibroso aumenta, reduciendo la flexibilidad y la amplitud de movimientos, y a medida que la flexibilidad se reduce, la zancada se acorta, lo que a su vez aumenta el riesgo de lesiones. Además, con el envejecimiento, los osteoclastos, que destruyen los huesos, superan en número a los osteoblastos, que los desarrollan. Esto provoca una disminución de la densidad ósea y de la fuerza. Los ejercicios de soporte de peso, como correr, ralentizan el proceso, pero no lo detienen, por eso los corredores de mayor edad son más proclives a las fracturas por sobrecarga y demás lesiones de las extremidades inferiores, que son las que soportan la mayor parte de la carga en carrera.

El impacto constante no es la única causa que provoca la disminución del rendimiento atlético. El cuerpo necesita abastecerse de oxígeno, y, con el tiempo, los dos sistemas destinados a ello —el respiratorio y el circulatorio— pierden su capacidad para satisfacer las necesidades del corredor de élite. Al igual que el resto de tejidos, los pulmones pierden elasticidad, lo cual merma su capacidad para procesar el oxígeno con eficacia. El diafragma —el músculo que expande el tórax al inhalar— se debilita, reduciendo la cantidad de aire que llega a los pulmones. Aunque esto no ocurriera, el cuerpo no dispondría de suficiente espacio para almacenar el mismo volumen de aire, ya que la cavidad torácica se reduce como consecuencia del aumento de grosor del tejido que la rodea. Al procesarse menos oxígeno y de manera menos eficaz, los músculos de las piernas y los brazos se hallan en desventaja incluso antes del primer esprint.

El sistema circulatorio —el corazón y los vasos sanguíneos— también se deteriora con los años. Aunque la actividad física fortalezca el corazón y ensancha los vasos sanguíneos, hay pruebas de que un entrenamiento excesivo puede llegar a dañar el corazón debido al aumento del tejido fibroso, lo cual resulta en un mayor riesgo de infarto. Por lo demás, nada puede evitar la pérdida de elasticidad del tejido cardíaco ni la desaparición de los receptores que conectan el tejido cardíaco con el sistema nervioso central. Estos procesos reducen las pulsaciones y la capacidad de bombeo del corazón. Con el tiempo, la grasa y las placas de ateroma se acumulan en las arterias, que pierden diámetro y se vuelven más rígidas, lo cual reduce el flujo de sangre y la aportación de oxígeno a los músculos.

Cuando el oxígeno llega por fin a los músculos, la cantidad máxima que el cuerpo puede metabolizar (VO_2 máx) disminuye, tal vez como resultado de los daños sufridos por las células mitocondriales. Aunque el ejercicio puede ralentizar esta disminución, el proceso empieza de forma inexorable hacia los veinticinco años de edad. Es decir, que aunque Shorter, Rodgers y Salazar creyeran que cada vez eran más rápidos y fuertes, los procesos de deterioro ya estaban en marcha. No podían impedirlo; lo único que podían hacer era tratar de postergar lo inevitable y rezar para tener más años buenos que el común de los mortales.

A Frank Shorter ya le había llegado el día fatal. Anteriormente había sufrido lesiones menores, pero siempre se habían curado y había seguido corriendo tan rápido como antes, si no más. En su caso, el dolor se concentraba en la parte interior del pie, en una zona que más tarde identificaría como la articulación astragalonavicular, la inferior de las tres articulaciones que forman el tobillo. Los ligamentos que mantienen unidos los huesos se habían deteriorado, dando pie a la formación de «espolones óseos». Naturalmente, no eran espolones, sino huesos de nueva formación que al rozar contra el tejido blando le provocaban dolor.

Shorter no se explicaba el origen de la lesión. Ni se había caído ni se había torcido el tobillo. Nadie le había pisado ni le había arrojado un peso en el pie. Como la mayor parte de las lesiones atléticas, empezó en los ligamentos y se desplazó hacia la zona de los gemelos. Sus músculos estaban tensos debido a la carga y el sobreesfuerzo, lo cual añadía presión a los tendones, que la enviaban a los huesos, que a su vez tensaban los ligamentos como si fueran las cuerdas de una guitarra. A la menor presión podían romperse.

En ese sentido, la lesión de Shorter, pese a producirse en una zona del pie poco común, era bastante habitual. Como en la mayoría de lesiones de ese tipo —fascitis plantar, tendinitis aquílea, síndrome del tracto iliotibial, periostitis tibial e incluso fracturas por sobrecarga—, los músculos, al fatigarse, ejercen presión sobre el tejido circundante hasta que algún elemento cede. Como los músculos son más grandes, pesados y densos, generalmente llevan las de ganar. (Las roturas musculares son poco habituales entre los fondistas, aunque comunes entre los velocistas.) El secreto para evitar lesiones (además de no hacerse viejo) consiste en darles a los músculos el tiempo de adaptación y recuperación que necesitan.

Los atletas de fondo viven constantemente en la frontera entre la máxima condición física y la lesión. Si entrenan demasiado, se rompen; si demasiado poco, pierden. Pese a todo, Shorter siguió entrenando y compitiendo. Estaba convencido de que haciendo ejercicio se le pasaría, y, de hecho, el dolor remitió por un tiempo. El dolor, en parte, es inherente al atletismo de fondo, así que estaba acostumbrado a él. Las lesiones de los fondistas rara vez les impiden seguir corriendo —como sí ocurre con las roturas de tendón de Aquiles o con las fracturas abiertas—, sino que se incuban en silencio hasta que un buen día atacan por sorpresa.

Las molestias en el pie eran lo bastante fuertes como para que Shorter renunciara a hacer doblete en los 10.000 metros y la maratón de los Juegos Olímpicos de Montreal. El dolor reapareció durante la maratón de Nueva York en otoño. Y sin embargo, meses después ganó el campeonato de 10.000 metros de la AAU. Más tarde, el fin de semana del 4 de julio, ganó la prueba inaugural del Chicago Distance Classic, una carrera de veinte kilómetros por asfalto y, al día siguiente, la Peachtree Road Race de Atlanta, una carrera de diez kilómetros que competía con la de Falmouth en cuanto a dimensión y prestigio. En la Peachtree venció tanto a Lasse Virén como a Rodgers, al que dejó atrás a unos ochocientos metros de la meta. En agosto, todo apuntaba a que conseguiría su tercera victoria consecutiva en Falmouth. ¿Quién iba a impedírselo? Desde luego no Alberto Salazar, que todavía estaba verde; tampoco Bill Rodgers, de quien Shorter pensaba que «al final de una carrera, en duelo singular, caería primero».

Bill Rodgers tenía la misma edad que Frank Shorter, pero sus piernas eran más jóvenes. El tiempo que había pasado haraganeando en la facultad y fumando cigarrillos en Boston acabó jugando a su favor en el asfalto, así que cuando Shorter empezó a resentirse de los problemas en el pie, él pudo seguir corriendo como si nada. Tras ganar la maratón de Nueva York, se hizo también con la victoria en las maratones de la isla de Sado y Kioto, en Japón, así como en Baltimore, además de ganar otras varias carreras y la doble milla de los Millrose Games, todo ello en el espacio de cuatro meses. Sin embargo, en la primavera de 1977 no fue capaz de terminar la maratón de Boston, celebrada un día de mucho calor (26,6 grados). Como defensor del título y plusmarquista de la carrera, la decepción fue mayúscula, pero el esfuerzo acumulado le pasó factura en el momento de coronar Heartbreak Hill, así que no le quedó más remedio que abandonar en el mismo punto donde lo había hecho en 1973.

Rodgers poseía unos genes envidiables. Competir cada fin de semana y participar en más de una o dos maratones al año le habría restado dos años de vida a cualquiera. Hoy en día, ningún entrenador se lo permitiría. Pero Rodgers tenía poco que perder. Él no tenía pagas extra ni agentes con los que negociar una carrera contra Frank Shorter; para ir a cualquier sitio, le bastaba con que le pagaran el billete de avión y un plato de comida caliente. De hecho, si quería comer, no le quedaba más remedio que correr donde fuera posible. Más tarde, sería criticado por haber disputado demasiadas competiciones, pero precisamente fue su constante presencia en el asfalto lo que le dio al *boom* el impulso que necesitaba.

Por eso cuando Shorter lo derrotó en la Peachtree, Rodgers no se retiró a su cuartel de las montañas para revisar su estrategia junto a un equipo de nutricionistas, entrenadores y consultores de relaciones públicas. Evidentemente no soportaba que Shorter pudiera correr veinte kilómetros y ganarlo en la Peachtree al día siguiente, pero él lo atribuía a la mayor velocidad de Shorter en pista, no a su estado de forma. Si quería ganarlo, solo tenía que correr más rápido. Y eso significaba correr más series con el GBTC por colinas y pista, y disputar más competiciones.

A principios de agosto, corrió siete series de una milla a un ritmo de 4:40, con periodos de recuperación de apenas sesenta segundos. El 9 de agosto, en la pista de la Universidad de Boston, batió cuatro récords de Estados Unidos: el de los 15 kilómetros, el de los 20, el de las 10 millas y el de la hora en carrera (con una distancia de 20,548 kilómetros). El viernes 19 de agosto, de camino a Falmouth con Ellen, con la que se había casado en 1975, se sentía más en forma que nunca. Gozaba de buena salud, el tiempo era aceptable y no tenía miedo de Shorter. Se rumoreaba que su rival tenía una lesión en el pie, pero él lo dudaba. Los corredores son hipocondríacos —siempre se quejan de que les duele esto o lo otro—, y, además, lo había visto correr en la Peachtree.

Antes de la carrera se había organizado una feria en el centro deportivo de Falmouth. Los vendedores de zapatillas y ropa deportiva exponían su mercancía al lado de los bancos, que regalaban calendarios y llaveros. Por primera vez, la carrera contaba con otros rivales de peso —el olímpico Mike Roche, el keniano Hillary Tuwei, Greg Fredericks, el atleta revelación de la Universidad Estatal de Pensilvania, y Alberto Salazar y Rudy Chapa, compañeros del equipo de Oregón—, pero los medios seguían tratándola como un duelo entre dos hombres y todas sus preguntas giraban en torno a si Shorter obtendría o no su tercera victoria consecutiva.

Los participantes eran más de dos mil ochocientos, el mayor número hasta la fecha. Tommy Leonard se contaba entre ellos; Rich Sherman y John Carroll prefirieron seguir la carrera desde el Porsche de Carroll, del que solo se bajaron para tomar fotografías de los líderes. Según el *Falmouth Enterprise*, «actuaban como quien ha vencido una partida que lleva mucho tiempo intentado ganar». Carroll conducía y Sherman iba sentado en la ventanilla de la puerta con un micrófono desde el que informaba de la posición de los líderes a un camión de sonido situado en la línea de meta. Sherman no disimulaba sus preferencias y a cada momento animaba a Rodgers gritando: «¡Corre, Billy!» o «¡Alcánzalos, Billy!». Rodgers suscitaba esa clase de emociones entre sus fans y, además, como no era el favorito, le resultaba más fácil despertar simpatías.

Para la gente del cabo Cod, era como los Boston Red Sox, mientras que Frank Shorter, el medallista de oro y plata de Colorado, era como los Yankees.

Rodgers marcó el paso desde el inicio. Las condiciones eran las ideales para él: temperatura moderada y poca humedad. Nada más empezar se puso en cabeza; Greg Fredericks lo alcanzó al llegar a la playa de Nobska, pero al rodear el faro Rodgers volvió a distanciarse. Shorter lo había ganado en dos ocasiones por no salir lo bastante fuerte, y no estaba dispuesto a cometer de nuevo el mismo error.

Shorter dejó que se alejara. Estaba seguro de que lograría adelantarlo y sabía que todavía faltaban más de once kilómetros. Pero algo no iba bien. Estaba corriendo más lento de lo habitual y le costaba respirar. Si quería ganar la carrera, tendría que relajarse y encontrar su ritmo. Se tranquilizó y dejó que Rodgers marcara el paso, pero en los más profundo de sí ya había arraigado la duda.

Quien no dudaba era Alberto Salazar. Tal vez no fuera a marcar el ritmo, pero tampoco iba a perder de vista a Rodgers. El viejo corredor no era su amo, y estaba convencido de que él tenía más velocidad de piernas. Lo que sí le extrañaba era que Shorter fuera detrás de él a esas alturas de la carrera, pero no le dio mayor importancia. Chapa estaba a su derecha, Roche a su izquierda, y Rodgers a un par de zancadas por delante. Conocía el trazado, y el público lo hacía sentirse como en casa. Se dejó llevar y se preparó para la batalla que se avecinaba.

Cuando llegaron a F. R. Lillie Road, Rodgers llevaba una ventaja de casi quince metros. Salazar, que corría en solitario, era el siguiente, seguido a un par de zancadas por el grupo formado por Shorter, Roche, Tuwei, Fredericks y Chapa. Cuando rebasaron la marca de la tercera milla, Rodgers seguía en cabeza y su ventaja había aumentado otros quince metros.

Entretanto, la carretera se había llenado de ciclistas, que se colocaron detrás de Rodgers para ver mejor la carrera. Pedaleaban como quien sale a pasear por el parque un domingo, y en un momento dado, llegó a haber veinticinco. Los fotógrafos de la camioneta de prensa les gritaban que se apartasen —les tapaban la vista, y, además, obstaculizaban el paso de los corredores—, pero la policía tardó un par de millas más en darse cuenta de que algo ocurría.

Fredericks atacó para volver a ponerse en cabeza, y gracias a ello Rodgers encontró el impulso que necesitaba para acabar de romper la carrera. Ya en Surf Drive, Rodgers aceleró y dejó clavado a Fredericks. Era el mismo lugar en el que Shorter le había hecho morder el polvo los dos años anteriores, y Rodgers corría como si quisiera conjurar a sus fantasmas. Apretó el paso y, con el gesto contraído en una mueca, se alejó de sus perseguidores.

Shorter lo miraba con una sensación de frustración. Ahora sabía a ciencia cierta que ese no iba a ser su día. Se había descolgado, así que dejó escapar a Salazar, Fredericks y Roche, y miró hacia atrás para ver quién lo seguía. Lo importante ahora era mantener la posición y aguantar el tipo ante el público de Falmouth. Había maneras y maneras de perder, y Shorter se concentró en hacerlo de la manera más digna.

A Salazar, la derrota ni se le pasaba por la cabeza. Al menos, no todavía. Como Fredericks se había agotado en la batalla con Rodgers, Salazar pudo dejarlo atrás como si fuera un soldado herido. Ya solo faltaba Rodgers, y Salazar reunió todas sus fuerzas para alcanzarlo; bajó la cabeza, levantó las rodillas y exprimió al máximo su potente zancada, pero ni siquiera así logró recortar distancias con Bill, que parecía imparable bajo el reluciente sol de la mañana. Rodgers ya estaba dando la vuelta al puerto de Falmouth, y su ventaja aumentaba a cada paso. El público invadía la calzada para ver al campeón. Rodgers echó un vistazo por encima del hombro derecho y vio a Salazar; a menos que el muchacho pudiera correr la última milla en 4:15, no lograría alcanzarlo.

Rodgers aguantó el ritmo y pasó por delante de la multitud congregada delante del transbordador *Island Queen*, dejó atrás el cruce de la playa y en la última curva, ya frente al agua, atacó el último desnivel. Por fin vio la línea de meta, a menos de un centenar de metros cuesta abajo; saludó al público y esprintó hacia la cinta.

Cuando cruzó la línea, el cronómetro marcaba 32:23; acababa de pulverizar por quince segundos el récord de la prueba de Shorter y ahora estaban empatados en número de victorias en asfalto (7-7). Salazar llegó segundo con un tiempo de 32:40, seguido por Fredericks, Roche y, finalmente, Shorter. Y para dejar claro que el *boom* no hacía distingos por razón de sexo, Kim Merritt, la ganadora de la maratón de Boston de 1976, batió el récord femenino de la prueba por más de cuatro minutos.

Después de la prueba, Rodgers se tomó una Perrier y respondió a las preguntas de los periodistas. Se mostró asombrado ante el nuevo récord. Sonreía de oreja a oreja y aseguró que había corrido sin grandes expectativas, aunque daba gracias porque nadie hubiera salido a cazarlo después del último cambio de ritmo.

Al otro lado de la calzada, estaba el joven Salazar, de diecinueve años, con su padre, que lo rodeaba con el brazo. Cuando un periodista local le preguntó cómo se sentía, dijo: «Es un gustazo ganarle a Frank Shorter». José Salazar sonreía orgulloso de la hazaña de su hijo. Había vencido al campeón olímpico y había registrado el segundo mejor tiempo de la historia de la prueba. Rodgers dijo de él que había sido la «sensación» de la carrera y que era un rival «letal». Quienes lo habían visto correr no podían por menos que asentir.

Aunque Shorter atribuyó su derrota a las molestias en el pie, la lesión no le había impedido ganar la Peachtree, y su tiempo en Falmouth solo había sido de veinte segundos más que el de su récord del año anterior. En septiembre, registraría su mejor tiempo en 5.000 metros. La verdad era que ese día, en Falmouth, nadie había corrido mejor que Bill Rodgers. Shorter, eterno optimista como buen corredor de fondo, creía que las cosas cambiarían pronto. El pie se le curaría, sus tiempos bajarían y los estragos de la edad pasarían de largo. Pero se equivocaba. La corona había cambiado de manos. Había nacido un nuevo rey.

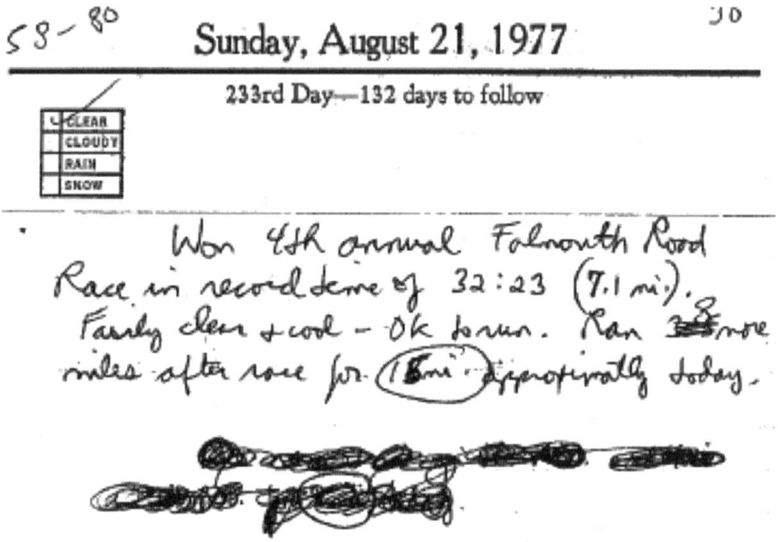
58-80 Sunday, August 21, 1977 30

233rd Day—132 days to follow

CLEAR
CLOUDY
RAIN
SNOW

Won 4th annual Falmouth Road Race in record time of 32:23 (7.1 mi.). Fairly clear + cool - Ok to run. Ran 8 more miles after race for (15 mi.) approximately today.

[redacted]

Diario de entrenamiento de Bill Rodgers: «Domingo, 21 de agosto de 1977. He ganado la cuarta carrera de Falmouth con un tiempo récord de 32:23 (7,1 millas). Buen tiempo, fresco, en buena forma. Después de la carrera he corrido otras 8 millas, un total aproximado de 15 al final del día».

Cortesía de Bill Rodgers

13

ENSÉÑAME EL DINERO (1977)

Tras batir dos récords mundiales, Fred Lebow me preguntó: «¿No te hemos pagado nada?». «¡No! Ni siquiera sabía que disponíais de dinero», respondí. Me habría contentado con comer, entrenarme y competir.

GRETE WAITZ

Empezaron a aparecer directores de carreras cargados con sacos de billetes. Sabían perfectamente que no podían tratar directamente con los corredores; en su lugar, le pagaban al entrenador, al cónyuge o a un amigo. Que el dinero corría era un secreto a voces, y los atletas saltaban, trotaban o esprintaban con él al banco. Todo esa ficción de que los atletas podían pasarse la vida entrenando para participar en competiciones en las que todo el mundo menos ellos obtenía un beneficio era un disparate.

Pero el disparate era lo que imperaba. Como el capitán Renault en *Casablanca*, el Congreso se fingió escandalizado —¡escandalizado!— cuando Frank Shorter declaró ante la Comisión Presidencial sobre Deportes Olímpicos que «todos somos profesionales». Su intención era que los legisladores comprendieran por qué Estados Unidos era sistemáticamente aplastado en las competiciones internacionales. Explicó que la AAU controlaba dónde y cómo competían los atletas y que, al no brindarles apoyo económico, los obligaba a vivir en la indigencia. Otros países, en cambio, ofrecían alojamiento y comida a sus atletas, y los trataban como a profesionales. La desafortunada declaración de Shorter estuvo a punto de costarle el veto en competiciones internacionales.

Pero Shorter tenía razón. La distinción arbitraria entre aficionados y profesionales era un resabio del sistema universitario británico y un medio para evitar que el lumpenproletariado compitiera con las clases altas. Los llamados aficionados llevaban años poniendo su ingenio al servicio de incumplir la normativa, como el caso de cierto atleta de los Juegos Olímpicos de 1928 que creó una cuenta abierta en los almacenes Brooks Brothers en la que los promotores de las carreras podían ingresar sus ganancias. Henry Carr, campeón olímpico de 200 metros en 1964, dijo que recibía los pagos «como en las películas de James Bond o de misterio [...]. Un agente entraba en un baño y depositaba un sobre debajo del urinario, y luego yo entraba tras él. Los sobres contenían seiscientos, setecientos o un par de miles de dólares». En 1968, el reportaje de cubierta de *Sports Illustrated* afirmaba que Adidas y Puma «se pelearon [...] por ver quién conseguía contratar a más atletas para que lucieran sus zapatillas en los Juegos Olímpicos de México». Los atletas se aprovecharon de esa rivalidad para negociar honorarios más altos; la remuneración rondaba los mil dólares, pero en algunos casos ascendía hasta diez mil. En 1971, Bob Hersh publicó un artículo en *Track & Field News* en el que revelaba que cierto corredor de 600 metros cobraba «un dólar por yarda» y que en cierta ocasión se había salido de la pista tras recorrer quinientos metros porque el promotor le había escatimado cien dólares.

La mayoría de corredores eran más discretos. Shorter se encontraba el dinero en metálico metido en las zapatillas. Rodgers dejaba las negociaciones en manos de Ellen, su esposa. El promotor californiano Al Franken admitió haber pagado honorarios por participación a los gerentes de algunos clubs, que luego repartían el dinero entre sus corredores. Pero a pesar de esta charada, a la mayoría de atletas no les alcanzaba para pagar las facturas y tenían que buscarse otros trabajos. Los corredores del GBTC, por ejemplo, corrían carreras de doce millas por las noches después de trabajar todo el día repartiendo el correo o haciendo de vigilantes. El mismo año que batió el récord de la maratón de Boston, Bill Rodgers trabajó por 1,65 dólares la hora cortando el césped de su casero mientras el *quarterback* de la NFL Joe Namath firmaba un contrato de representación por valor de dos millones de dólares con la marca Brut.

No todos eran pobres, pero ninguno de ellos recibía la retribución de un profesional. Los corredores mejor pagados eran los millistas, que a menudo recibían más de mil dólares por carrera. En 1979, el millista estadounidense Steve Scott era el número tres del mundo y sus honorarios ascendían a 1.000 dólares por carrera en el circuito europeo, 10.000 dólares anuales por llevar las camisetas de Sub-Four, y otros 10.000 anuales por correr con zapatillas New Balance. El campeón de salto de altura Dwight Stones ingresó unos 200.000 dólares durante los seis años que saltó como aficionado, de 1973 a 1979, pero para ello tenía que disputar dos competiciones al día y embolsarse la mitad de las dietas por desplazamiento. Aparte, cobraba primas por objetivos: en cierta ocasión superó el récord del mundo tras recibir una bonificación de 500 dólares. Stones era un tipo pragmático en cuestiones de dinero: emborrachaba a los directores de carrera, no aceptaba determinadas divisas y, en determinadas pruebas, hacía menos de lo que era capaz de hacer con el fin de asegurarse primas por objetivos en futuras competiciones. ¿Para qué batir un récord por un centímetro si podía batirlo por medio en un *meeting* y por medio más en un segundo *meeting*? Debido a esos pagos informales, Stones fue investigado por parte de la agencia tributaria estadounidense, y la AAU acabó expulsándolo, aunque no por los pagos ilegales recibidos durante su carrera, sino por «apropiarse indebidamente» de un premio obtenido en un programa deportivo.

El *boom* se convirtió en una gran oportunidad de negocio en Estados Unidos, y compañías como Puma, Adidas y Nike empezaron a facturar millones. Sin embargo, la mayoría de los atletas que hacían ricas a las marcas eran pobres y sobrevivían, como Bill Rodgers, a base de cupones de alimentos o realizando trabajos no cualificados. Tras ganar la maratón de Boston, Rodgers pudo aprovechar la fama recién adquirida para exprimirles unos cuantos dólares más a los promotores de las carreras, pero aun así conservó su trabajo. Por su parte, Frank Shorter creó una marca de ropa deportiva, aunque para ello tuvo que entablar largas negociaciones con la Asociación Internacional de Federaciones de Atletismo (el máximo órgano de gobierno del atletismo mundial) y firmar un contrato por el cual se comprometía a ser el titular de por lo menos un 51 por ciento del negocio y a no otorgar licencias con su nombre a menos que se le concediera permiso para ello. Por entonces, los corredores tenían prohibido cobrar por impartir clínics, publicitar productos y material deportivo o rentabilizar su fama por cualquier otro medio. A efectos prácticos, eso equivalía a impedirles que se ganaran la vida.

Rodgers llamaba a ese sistema *shamateurism* (de *shame*, «vergüenza»). Al igual que a Shorter, le obligaron a ser el dueño de al menos el 51 por ciento de sus tiendas deportivas, lo que hacía difícil extender franquicias, y el reglamento de aficionados le impedía recurrir a su imagen o su palmarés para vender la mercancía. En 1979, el negocio le reportó solo 7.000 dólares, por lo que tuvo que incrementar sus ingresos participando en carreras cuyos directores le pagaran dietas y después lo invitaran a comer de todos modos. Una de sus quejas era que la AAU aceptaba dinero de las corporaciones en concepto de publicidad y luego ese dinero no revertía en los corredores. Según Rodgers, si los atletas no podían aceptar premios en metálico, el circuito de aficionados nunca suscitaría el interés de la prensa y, por lo tanto, los atletas estadounidenses con talento no tendrían ningún aliciente para participar en pruebas de ámbito internacional.

La historia, sin embargo, no había de darle la razón. Cuando por fin empezaron a otorgarse premios en metálico, solo sirvió para que los atletas de África oriental dejaran su continente y se hicieran con todas las competiciones. Para entonces, los mejores atletas estadounidenses —los que habían competido sin recibir retribución— ya se habían retirado. El dinero no era la fórmula mágica para lograr medallas de oro en las pruebas de fondo. Shorter, de hecho, ganó la suya sin cobrar; es más, gracias al viejo sistema, los atletas corrían sin restricciones y se centraban en el deporte en sí, sin distraerse con la parte pecuniaria. Shorter, Rodgers y Salazar corrieron en una época en la que el hambre de victorias coexistía con el hambre propiamente dicha. Ambas se complementaban, y tal vez mejor que si hubiera habido dinero en juego.

De todos modos, la cuestión no es tan sencilla. Hoy en día, los 50.000 dólares que se ofrecen por ganar una maratón de élite equivalen más o menos a lo que gana una estrella del béisbol cada vez que sale a batear. Para un muchacho africano criado en la sabana, para el que correr forma parte de su cultura y de sus genes, una suma así basta para hacerlo soñar, pero para un estadounidense con talento no es nada. Por eso todavía vivimos en una sociedad en la que quienes se dedican a las carreras a pie son por defecto quienes carecen de talento para el fútbol americano, el béisbol o el baloncesto (y cada vez más el fútbol y el lacrosse) y unos pocos fanáticos que, por suerte o gracias a un buen entrenador, han encontrado en ese deporte a su musa. En un país cada vez más obsesionado con el todopoderoso dólar, el grupo de estos últimos es cada vez más reducido.

Cuando Tommy Leonard llevó por primera vez a Bill Rodgers y Marty Liquori al cabo Cod, los engatusó prometiéndoles cerveza gratis y mujeres en bikini. Para alojarlos, recurrió a sus amigos y vecinos, que les ofrecieron sus cuartos de invitados. Para comer, los voluntarios cocinaban espaguetis en el gimnasio del colegio. Tal vez todo eso tuviera su encanto, pero estaba a años luz de los hoteles de lujo en que los japoneses alojaban a Shorter y Rodgers cuando competían en Fukuoka. Por lo visto, las reglas eran distintas en otros países. Los promotores europeos pagaban en metálico, y países como Finlandia y Checoslovaquia buscaban a sus corredores empleos a medida en el ejército para que dispusieran de tiempo y dinero para entrenarse. Comparativamente, el circuito estadounidense era como un pariente pobre y roñoso.

En 1977, una cena a base de espaguetis y una cama en un cuarto de invitados ya no bastaban para atraer a los corredores de élite al cabo Cod. Falmouth necesitaba dinero para competir con la

Peachtree y otras grandes carreras que deslizaban dinero en las zapatillas de los corredores, atraían a multitudes y se labraban un nombre. Se necesitaba más dinero del que Bill Crowley podía permitirse. A instancias de Fred Lebow, Tommy tomó un autobús para reunirse en Nueva York con los representantes de la compañía de agua mineral francesa Perrier. Se presentó con su mejor americana azul, a la que le faltaba un botón, un par de pantalones caquis y una mancha de pizza. Una mujer con el pelo recogido en un moño rubio lo acompañó hasta una sala de reuniones con unas formidables vistas a Central Park. Ahí lo esperaba un grupo de hombres vestidos con traje a los que trató de convencer para que patrocinaran la carrera hablándoles de la belleza del faro de Nobska y del tramo que atravesaba Surf Drive.

Nada más abrir la boca ya se los había metido en el bolsillo. La estrategia comercial de Perrier iba ligada a un estilo de vida limpio y sano al que el *boom* le venía como anillo al dedo. (De hecho, Perrier patrocinaba ya la maratón de Nueva York.) Los ejecutivos de Perrier pensaron que Tommy era un charlatán encantador, aunque sus maneras dejaran bastante que desear. Al instante, le firmaron un talón por valor de 5.000 dólares, una ganga. Un anuncio en prensa escrita les habría costado cinco veces más y habría llegado a menos gente. Por una fracción de esa suma, la carrera de Falmouth les proporcionaría publicidad durante todo un verano: el nombre de la marca se mencionaría en todas las noticias sobre la carrera y aparecería en camisetas, pancartas y carteles por toda Nueva Inglaterra y alrededores. Era una oportunidad perfecta para promocionarse, y Perrier no tardó en convertirse en sinónimo de atletismo y buena forma física (aunque lo último que muchos corredores harían sería beber agua con gas al final de una carrera).

Lo que resulta sorprendente es lo poco que las grandes carreras se aprovecharon de ocasiones como esta. El patrocinio de las grandes corporaciones podía ser fuente de grandes sumas de dinero, pero el mundo del atletismo jamás supo exprimirlo tanto como el golf y otros deportes menos atractivos. Hoy en día, patrocinar la maratón de Nueva York —uno de los mayores acontecimientos atléticos del mundo— cuesta unos dos millones de dólares, mientras que el torneo de golf más modesto de la PGA recibe como mínimo esa cifra de su patrocinador principal y el PGA Tour ingresa unos mil millones de dólares anuales.

La televisión, por supuesto, ayuda. Los millones de personas que siguen el Masters y otros campeonatos de la PGA son como maná para las corporaciones que los patrocinan. Según *Sports Business Daily*, en 2007 el precio de la publicidad de Nike durante la última jornada de los cuatro torneos más importantes del circuito ascendió a 5,7 millones de dólares. Ese mismo año, en el mundo del tenis, los anuncios de Lexus (patrocinador del Abierto de Estados Unidos) en la CBS se valoraron en doce millones de dólares. Es decir, que las compañías están dispuestas a pagar bien a cambio de explotar el filón publicitario.

En la mayoría de casos, las carreras de fondo no pueden contar con la cobertura televisiva. La maratón de Nueva York se retransmite a escala local, pero no nacional. En su momento álgido, la carrera de Falmouth llegó a retransmitirse por un nuevo canal de televisión por cable, la ESPN, pero en diferido y con bastantes cortes. Cuando las carreras se televisan, los anunciantes no suelen saber gran cosa sobre el deporte y se centran en historias con interés humano más que en la carrera propiamente dicha. Los anuncios interrumpen a cada momento y, a menudo, las acciones más interesantes no solo se producen fuera de pantalla, sino que ni siquiera se repiten cuando se recupera la conexión. Los ejecutivos de los canales de televisión parecen creer que correr consiste únicamente en poner un pie delante del otro, lo cual no resulta muy televisivo, si bien es cierto que esos mismos canales emiten durante horas las imágenes de unos tipos con la barriga flácida dándole palos a una pelotita blanca como si fuera la cosa más emocionante del mundo.

Las audiencias televisivas también están sobrevaloradas. Los encargados de medir las audiencias dan por hecho que el que un atleta luzca una camiseta con el logotipo de una marca equivale a publicidad gratuita a ojos del público televisivo. Luego calculan cuánto costaría ese anuncio en el mercado y firman un talón. Sin embargo, descuidan, o ignoran, la credibilidad que el atleta le confiere a la marca por el mero hecho de mostrarle su lealtad. Aun cuando no haya cobertura televisiva, el hecho de que un atleta corra con ropa de Nike o utilice material de Adidas produce un gran efecto sobre la afición. La televisión divulga el mensaje, pero solo porque hay millones de personas que de lo contrario no conocerían las preferencias de tal o cual atleta. Sin embargo, a pie de carretera, donde millones de seguidores pueden ver las zapatillas, los pantalones y las camisetas que lucen los atletas como si fueran hombres anuncio, el poder de la televisión queda anulado. Cuando Bill Rodgers ganó la maratón de Boston con un par de zapatillas Nike, más de medio millón de personas lo vio en vivo, y varios millones más se lo oyeron decir a sus amigos de la comunidad atlética. En la actualidad, Nike es la marca de artículos deportivos más valiosa del mundo, y sin embargo, empezó como una empresa de zapatillas de atletismo que vendía sus productos no gracias a la publicidad televisiva, sino exponiéndolo en los pies de los corredores.

El atletismo empezó a ganar dinero el día que la AAU y la Asociación Internacional de Federaciones de Atletismo relajaron sus normativas y permitieron que Shorter y Rodgers emprendieran sus respectivos negocios en 1977. En 1979, con el beneplácito de la AAU, Shorter firmó un contrato con los hoteles Hilton en virtud del cual ejercería las funciones de consultor y ayudaría a promocionar la marca ofreciendo a sus huéspedes consejos sobre atletismo, alimentación sana y rutas de entrenamiento en las ciudades donde la cadena tuviera presencia. Pero el gran logro se produciría en 1981, cuando, gracias a las presiones de Shorter, Rodgers y otros, la Asociación Internacional de Federaciones de Atletismo aprobó un sistema por el cual se permitía que los atletas aceptasen premios en metálico y honorarios por competir, siempre y cuando los ingresaran en un depósito del que solo podrían retirarlos para cubrir «gastos de entrenamiento legítimos». Después de eso, las puertas quedaron abiertas y, con el tiempo, la distinción entre atletas profesionales y aficionados acabó desapareciendo.

Shorter, entre otros, se quejaría de muchos de los cambios que él mismo había propiciado. En 1984, escribió: «El atletismo está adoptando cada vez más las características de un deporte profesional, y eso puede obrar en su perjuicio». Shorter apuntaba al auge de los agentes como uno de los factores que habían ido en detrimento de la competitividad (ya que los agentes eligen las carreras de sus representados y evitan los enfrentamientos difíciles) y auguraba una época en que los corredores ya no competirían por amor al deporte, sino por amor al dinero.

Esa época llegaría antes de lo que él mismo había predicho.

Mike Roche (n.º 4) y Alberto Salazar (n.º 2.) se ponen en cabeza a la salida de la carrera de Falmouth de 1978.
Cortesía de la Falmouth Historical Society

14

A LAS PUERTAS DE LA MUERTE (1978)

Recuerdo pegarme a Rodgers y decirme a mí mismo que no podía dejarlo escapar. Después de eso, no recuerdo nada más.

ALBERTO SALAZAR

En Oregón, Alberto Salazar deshizo el equipaje y se instaló con su compañero de piso, Rudy Chapa. El aspecto de ambos era más bien exótico en un campus frecuentado sobre todo por pálidos muchachos procedentes de ciudades del noroeste, como Gresham o Sutherlin. La piel aceitunada, el cabello oscuro y su esbelta figura de corredores les conferían cierto aire de dioses hispanos entre los paganos, por lo que las muchachas no tardaron en echarles el ojo. Pero si las chicas esperaban juergas y bacanales, debieron de llevarse un chasco: Salazar era conservador y estricto, jamás tomaba drogas, bebía con moderación y se acostaba a horas razonables; Chapa era más ave nocturna, pero en general pasaba más tiempo estudiando que de juerga. Su padre era jornalero, y aunque su compromiso con el deporte era tan fuerte como el de Alberto, sabía que la vida de los atletas es más bien corta, por lo que prefería irse labrando un porvenir en las finanzas o el derecho. Alberto, en cambio, no hacía otra cosa que correr.

Su entrenador, Bill Dellinger, había sido tres veces olímpico y había ganado la medalla de bronce de los 5.000 metros en los Juegos Olímpicos de Tokio de 1964. Dellinger, que también se había graduado en Oregón, había tenido como entrenador a Bill Bowerman, el cofundador de Nike. Con el tiempo, Dellinger se había convertido en el ayudante de Bowerman y había pasado a ocupar su plaza al jubilarse este en 1973. Aunque el programa de entrenamiento de Dellinger se ceñía al estilo de su mentor, los temperamentos de ambos eran muy distintos.

Bowerman no solo era un fanático del material, sino de los métodos de entrenamiento, la nutrición y el ejercicio físico. Su libro *Jogging*, escrito tras visitar a su amigo Arthur Lydiard en Nueva Zelanda y publicado originalmente en 1966, vendió un millón de ejemplares; de él se dice que fue el introductor de las ideas de Lydiard en Estados Unidos y que despertó un temprano interés por las carreras de fondo. Bowerman, uno de los mejores entrenadores de pista que ha dado el país, dirigía el programa de atletismo de la universidad con ingenio y mano de hierro. Era un visionario, aunque tratarlo no siempre era fácil. Dellinger, por su parte, confiaba más en las aptitudes de sus muchachos. Les proponía un entrenamiento —generalmente una variación del de Bowerman— y dejaba en su mano el que lo cumplieran. Si hacían trampas, no era problema suyo.

Pero los corredores siempre hacen trampas, es algo inherente a un deporte en el que los logros individuales son tan importantes como el éxito del equipo, si no más. A diferencia del fútbol americano, el béisbol o el baloncesto, los corredores pueden ganar aunque su equipo pierda, e incluso un equipo malo puede tener entre sus filas a un campeón olímpico o de la NCAA. Por eso los corredores siempre tienen motivos para añadir modificaciones en el entrenamiento prescrito por su preparador, sobre todo cuando este diseña los ejercicios pensando en todo el equipo. Siempre es posible que un atleta estrella —o un atleta que se cree una estrella— entienda las instrucciones del entrenador como una recomendación y las modifique del modo que considere oportuno.

Eso es algo que Bowerman nunca habría permitido. Sus disputas con Steve Prefontaine a propósito de su rutina de entrenamiento son legendarias. Él sabía lo que era mejor para el chico, y ay de este como no le hiciera caso. Bowerman habría preferido echarlo de la pista a dejarle correr una vuelta más de las previstas.

Dellinger era más laxo, y Salazar y Chapa se aprovecharon de ello. Eran los corredores más dotados desde los tiempos de Prefontaine, y lo sabían. Si Dellinger les decía que hicieran ocho series, ellos hacían diez. Si Dellinger les mandaba correr a un ritmo de 4:50, ellos corrían a 4:40. A Salazar le costaba controlarse. Desde que en noveno curso corriera su primera carrera de veinte millas, tenía por costumbre sobrepasar los límites que le imponían los demás, ya fuera su hermano, su padre o el entrenador Squires. Y desde que contaba con un compinche, su rebeldía era mayor. Una vez libre de las imposiciones de su padre y de la mano de hierro del entrenador Squires, nada podía detenerlo. Corría como si el futuro no fuera a llegar nunca.

Y, de hecho, no llegaba. Su primer año en Oregón fue decepcionante. Se lesionó a principios de temporada y apenas tuvo tiempo de recuperarse para obtener el noveno puesto en los 5.000 metros del campeonato de la NCAA. Era un resultado respetable, pero él aspiraba a más. A regañadientes, regresó a Wayland, donde se pasó el verano trabajando en la empresa de construcción de su padre. Alberto y José se desplazaban a New Hampshire por las mañanas y, a la vuelta, su padre lo dejaba a unos once kilómetros de casa para que corriera el resto del camino. Resultaba agotador y el muchacho siempre iba cansado, pero pasar el año fuera le había hecho bien y padre e hijo se habían declarado una especie de tregua.

La obtención del segundo puesto en Falmouth en agosto fue una inyección de moral. Era la prueba de que se había recuperado de las lesiones y de que el entrenamiento iba por buen camino. Su entusiasmo por haber derrotado a Frank Shorter era casi tanto como el de su padre. Al volver a Wayland, José comunicó la noticia a todo aquel que se le puso por delante: su hijo había derrotado al medallista olímpico. Era un motivo para sacar pecho, y para cuando regresó a Eugene, Alberto no pensaba más que en la gloria y en Bill Rodgers.

Ese otoño, el equipo de *cross-country* de la Universidad de Oregón, con el estudiante de segundo curso Alberto Salazar entre los cinco mejores, ganó el campeonato de la NCAA. Y lo que es más importante, Alberto conoció a su futura esposa, la estudiante de primer curso Molly Morton, oriunda de Portland y, como él, corredora de fondo. Molly era una muchacha rubia y optimista, el contrapunto luminoso del hosco Salazar. Había batido récords escolares en los 3.000, los 5.000 y los 10.000 metros, aunque detestaba competir. «Era como el colegio —decía—, me gustaba estar con gente y aprender, pero odiaba los exámenes.»

Los principios fueron difíciles —Alberto estaba demasiado obsesionado con los entrenamientos y era demasiado competitivo—, a la chica le costó aguantar y esa primera etapa de la relación no duró mucho. Molly lo dejó por el saltador de pértiga Tom Hintnaus, quien más adelante se convertiría en el icónico modelo de Calvin Klein fotografiado por Bruce Weber. El cartel con el cuerpo bronceado de Hintnaus recostado en ropa interior sobre una pared blanca causó estragos en el tráfico de Times Square cuando apareció en 1982.

Alberto estaba destrozado y aplacó el desengaño corriendo con mayor intensidad y entrenando a espaldas del entrenador Dellinger. El dolor también le sirvió como excusa para decirle a su padre que no quería ser médico y matricularse en marketing y finanzas. Lo de convertir el desengaño en confrontación y abrazar el dolor para ponerse a prueba era algo que venía de familia.

En primavera, los Ducks de Oregón se enfrentaron a uno de sus archienemigos, la Universidad Estatal de Washington, que contaba con el gran corredor keniano Henry Rono. Rono formaba parte de la primera oleada de atletas africanos que abandonaron su país para correr en las universidades de Estados Unidos y había conseguido varios récords del mundo en pruebas de larga distancia. Sin embargo, Salazar venció a Rono en los 5.000 metros y ganó la carrera con un tiempo de 13:42. Fue un momento decisivo, equivalente a la victoria sobre Frank Shorter en Falmouth, pero no duró mucho. Semanas más tarde, Rono lo venció en el campeonato Pac-10, y poco después Salazar solo pudo ser sexto en los 10.000 metros de la final de la NCAA.

No estaba más que en segundo curso, le quedaban otros dos años de universidad y, desde un punto de vista objetivo, todavía tenía mucho tiempo para conquistar el mundo. Su mentor, Bill Rodgers, había pasado desapercibido en la universidad, y Frank Shorter no se había convertido en una promesa hasta cuarto curso. Pero a Salazar le faltaba paciencia y no estaba dispuesto a esperar. Según él, no se había esforzado lo suficiente. El comedimiento era para los mortales, y él era un Salazar. Se concentró en el asfalto y juró que nunca volvería a morder el polvo.

Bill Rodgers estaba acostumbrado a los jovenzuelos ambiciosos que todos los fines de semana trataban de batirlo. Él también había sido como ellos, pero ahora era el Hombre. Con Shorter fuera de combate tras la operación del pie, Rodgers era el amo y señor del asfalto. En 1978, ganó veintisiete de las treinta carreras en que participó y batió el récord del mundo en los diez kilómetros por asfalto. También ganó la carrera de 10.000 metros de Pepsi y las maratones de Nueva York y Boston. Si Salazar pretendía ir a por él, estaría listo para plantarle cara.

El 16 de febrero de 1978, el atletismo de fondo hizo su entrada oficial en la conciencia colectiva. La fecha marca la subida de *The Complete Book of Running* de Jim Fixx al número uno en la lista de ventas de libros de no ficción; correr había dejado de ser un deporte para chiflados y fanáticos. El libro estuvo noventa y una semanas entre los diez más vendidos, se vendieron más de un millón de ejemplares y su autor se convirtió en una especie de profeta *new age*. Fixx había tenido problemas de peso, había sido fumador y su familia contaba con un amplio historial de afecciones cardíacas, pero él había abrazado el deporte con el celo del converso. El libro, en cuya portada aparecían las potentes piernas de Fixx, proclamaba que cualquiera podía ganar músculo y ponerse en forma.

En verano, durante la carrera de Falmouth, ese espíritu de participación masiva estaba en su apogeo. El número de inscripciones superó el de cualquier otra carrera del país —y tal vez de la historia—, pero en ocasiones daba la impresión de que el público estaba más interesado en correr que en los corredores. Como diría el *Boston Globe*, «la carrera se plegó al aspecto participativo y a la diversión de la gente». Menos optimista, Kenny Moore se quejaba en *Sports Illustrated* de la baja forma física de los participantes y aseguraba que «tres cuartas partes de los veinticinco millones de corredores del país llevan menos de dos años corriendo».

El sueño de Tommy Leonard era que la carrera se convirtiera en una fiesta callejera, y por fin lo había conseguido. No obstante, atletas como Shorter y Rodgers todavía le imponían respeto y le costaba hacerse a la idea de su presencia. Como buen aficionado, comprendía las virtudes de la grandeza y trataba de cultivarlas. De hecho, hasta ese verano, la carrera de Falmouth había mantenido cierto equilibrio entre la élite y la masa, pero ese equilibrio empezaba a tambalearse.

El cambio no pasó desapercibido entre los atletas de élite. Aunque Bill Rodgers se mostró tan considerado como de costumbre, otros se quejaron de la multitud, de la línea de salida y de la zona de meta. Algunos incluso dejaron de ir a Falmouth para correr en otros países o para participar en carreras donde tuvieran todo el asfalto a su disposición. La inexperiencia de la mayoría de los participantes hizo que los más bregados se temieran lo peor a la vista del calor y la humedad del verano. Aunque nadie, por supuesto, esperaba que el que sucumbiera fuera un atleta de élite.

Para Salazar, la multitud era una molestia menor. Siendo de los favoritos, pudo colocarse en primera fila de la línea de salida, y cuando sonó el pistoletazo fue como si corriera en una carrera aparte. Las corredoras de élite fueron las únicas que tuvieron que vérselas con la masa, ya que algunos de los aficionados varones trataban de seguir su paso o simplemente intentaban dejarse ver corriendo al lado de las líderes. No era raro ver a alguna de las mujeres que iban en cabeza rodeada por una docena de hombres, lo cual resultaba irritante a la vez que suponía una distracción. (Y, dado que las mujeres tenían prohibido que un hombre les marcara el paso, podía ser incluso causa de descalificación.) Salazar también tenía sus admiradores, en su mayoría atletas jóvenes que veían en él al heredero de Prefontaine y que anhelaban la magia de su contacto o, cuando menos, un signo de aprobación. Salazar se mostró cordial, pero no amistoso, y actuó como si no viera el momento de que lo dejasen en paz y poder correr a su aire.

Con quienes sí habló fue con Rudy Chapa, que se había reunido con él en la Costa Este para participar en la carrera, y con Nancy Robinson, la hija del director médico de la carrera, con la que había empezado a salir tras la ruptura con Molly. Tanto Nancy como Rudy eran rivales serios por derecho propio, pero hasta ellos sabían que esa iba a ser la carrera de Alberto. Era como un purasangre antes del derbi de Kentucky; la frustración por la derrota en el campeonato de la NCAA le hacía hervir la sangre y estaba impaciente por resarcirse. Y qué mejor lugar para demostrar su fuerza que en Falmouth, donde había debutado siendo un niño y ahora volvía convertido en un hombre. El desastre estaba servido.

Salazar no notaba el calor. No era el día más caluroso del verano, ni siquiera el más caluroso en que hubiera corrido. La hora de salida se había adelantado dos horas, a las diez en punto, y el sol permanecía oculto tras la neblina, creando una ilusoria sensación de calma. Desde luego, hacía menos calor que en Nebraska en pleno julio, como el día en que derrotó a Ralph King, pero sí lo suficiente como para dar problemas. Además, la humedad resultaba engañosa. A esos niveles, la humedad impide que el cuerpo se enfríe, y aunque el día sea medianamente templado, puede resultar fatal. «Me echaba agua en la cabeza y cuando llegaba al cuello parecía estar hirviendo», diría Chapa más tarde.

Los corredores locales estaban acostumbrados a la espesa niebla del cabo y sabían que el calor del sol la dispersaría por la tarde. Sin embargo, era una mañana particularmente gris. Dado que la parte más cálida de la carrera era el tramo llano de Surf Drive, preferían correr moderadamente hasta encontrarse a cubierto bajo los árboles próximos al puerto de Falmouth. Era una jugada inteligente, pero para ello era necesario tener un conocimiento más que superficial con el trazado. También se requería sentido del riesgo y precaución, cosas ambas de las que Salazar carecía.

Así pues, cuando sonó la pistola, Salazar se colocó rápidamente en los puestos de delante y dobló la curva de la biblioteca integrado en el primer grupo. El único contrincante serio que tenía por delante era Mike Roche, que más tarde lamentaría haberse colocado en cabeza tan pronto. Bill Rodgers iba unos doce puestos por detrás. Subieron a buen ritmo la cuesta con vistas a la caseta de la guardia costera y doblaron a la derecha en Church Street. Atravesaron el ruidoso puente de madera y dejaron atrás la iglesia del Mesías, donde recibieron los vítores de los feligreses. Llegaron al primer descenso, que conducía a la playa de Nobska. Rodgers empezó a mover las piernas y trató de ganar la cabeza. Tras un pequeño cambio de ritmo, un esprint casi imperceptible, se acercó a las primeras posiciones. Salazar percibió su presencia tras su hombro izquierdo y apretó para no quedarse atrás.

Desde el mar soplaba una brisa que hizo pensar a los corredores que la temperatura había bajado, aunque en realidad, la atmósfera estaba tan saturada que el sudor se acumulaba sobre la piel, lo cual no ayudaba mucho. Para cuando subieron la cuesta y desaparecieron en el bosque situado detrás del faro, ya estaban sobrecalentados y sus cuerpos trataban de deshacerse del calor cada vez que expulsaban aire.

Empezaba la carrera de verdad. Los fanfarrones y los charlatanes se habían quedado atrás y los corredores serios se habían colocado al frente. Nunca habría otra carrera como la de Falmouth, y nunca habría otra Falmouth como la de 1978. Diecinueve de los veinte primeros clasificados fueron estadounidenses y todos ellos habrían sido capaces de ganar cualquier carrera en ausencia de los otros. Hombres como Salazar, Bruce Bickford, Greg Meyer y Herb Lindsay tenían grandes trayectorias por delante, y Rodgers, Roche, Craig Virgin, Garry Bjorklund, Randy Thomas, Jeff Galloway, Ed

Sheehan y Amby Burfoot ya estaban en la cúspide de sus respectivas carreras. Por el lado de las mujeres, Joan Benoit saltaría a la fama al mejorar en cuatro minutos su tiempo de 1976 y llegaría a convertirse en la mejor fondista de Estados Unidos. Pero lo mejor no era la calidad de los competidores, sino el espíritu de la prueba, el entusiasmo del público, esa emoción de cuando uno está en lo más alto y se niega a mirar abajo.

En el bosque empezaron los duelos. Bob Hodge contra Randy Thomas. Bickford contra Meyer. Cada vez que alguien daba una zancada más rápida o se desplazaba hacia la derecha, la carrera subía de intensidad. Uno cogía un vaso de agua, se lo echaba encima de la cabeza y tiraba el vaso a suelo. Otro se desplazaba hacia la izquierda mirando el reloj y volvía a colocarse en el grupo. Corrían cuesta arriba y cuesta abajo por la carretera sombría y húmeda, con el aire inmóvil y frío. Los buenos contra los mejores, los rápidos contra los más rápidos.

Rodgers, Roche, Virgin y Salazar se quedaron solos. Frente a ellos, la carretera se extendía dos kilómetros y medio por la playa; un tramo llano, rápido y peligroso. Empezaba a notarse el sol, la bruma se había disipado y el viento a su espalda no hacía nada por refrescarlos. Rodgers tiraba del grupo y los demás trataban de aguantar. Roche fue el primero en descolgarse. Había corrido demasiado deprisa y sentía las piernas pesadas y entumecidas. En pocos segundos se quedó a tres zancadas. De pronto, Rodgers volvió a atacar, y en esta ocasión el que cayó fue Virgin. Después de un mes de correr en Europa, tenía las caderas molidas y doloridas, así que aminoró y reservó sus energías para luchar por el tercer puesto.

Salazar fue el único que no se rindió. Estaba cansado y acalorado, pero sabía que estaba en forma y que podía correr rápido. La victoria era cuestión de voluntad. Si había perdido en la NCAA, era porque se había permitido pensar en la derrota. Desterró esa idea de su mente y se concentró en la carrera. Estaba seguro de que mentalmente era más fuerte que sus contrincantes. Desde los tiempos en que corría alrededor de la casa con Ricardo hasta los 5.000 metros de Nebraska, pasando por las veinte millas de su primer año de universidad, su rendimiento siempre había sido mejor cuando se había negado a aceptar la posibilidad de la derrota. ¿Qué era el cuerpo si no un servidor de la mente, un pedazo de carne? El cuerpo no decidía, obedecía. Si Salazar le ordenaba que siguiera, seguiría. La mente daba las órdenes, y los músculos se flexionaban, las rodillas se levantaban y los pies iban dejando atrás el asfalto.

Como todo corredor, Bill Rodgers había perdido más carreras de las que había ganado. Conocía el tormento de la derrota mejor que las mieles del éxito, y aunque había perdido la costumbre de perder, sabía que la derrota formaba parte del juego. Solo uno cruzaría la línea de meta el primero; todos los demás irían detrás de él. Llevaba una buena racha, pero siempre había sabido que ese momento llegaría, del mismo modo que el cátcher veterano siente que le crujen las articulaciones cuando mira al banquillo y ve cómo la joven promesa se pone la careta de protección. De pronto, ahí estaba Alberto Salazar preguntándole si quería que marcara él el paso. ¿No consistía en eso el atletismo? «En destronar a los reyes», había dicho el propio Rodgers.

«Adelante, todo tuyo», respondió. Se preparó mentalmente para ser adelantado y calculó qué posibilidades tenía de defender el segundo puesto contra Virgin y Roche. Era una decepción, pero era mejor que quedar tercero. Por una derrota no iba a perder la corona, pero aun así tuvo que luchar contra la sensación de desánimo que le imponían las circunstancias y lo que estas parecían augurar.

Rodgers mantuvo la cabeza gacha y los ojos pegados en la carretera, pero pasaban los segundos y Alberto no adelantaba. Rodgers se quedó un poco perplejo, pero estaba más concentrado en mantener el ritmo y la posición. Pasados treinta segundos, se preguntó qué le habría ocurrido al joven corredor, pero fue un pensamiento pasajero. Seguía en primer lugar y el público estaba lleno de gente que lo animaba. Faltaban algo más de tres kilómetros y tenía una carrera por delante. Llegó al final de Surf Drive, dobló a la izquierda desde la playa y aumentó su ventaja con respecto a los rivales.

Entretanto, el cerebro de Salazar enviaba órdenes a su cuerpo, pero el cuerpo respondía en un lenguaje propio y más primitivo. A medida que perdía agua al transpirar, los capilares recurrían a la sangre para suplir la pérdida de fluido en los tejidos. Debido a la pérdida de volumen de la sangre, la presión arterial sufrió una caída. Con el fin de mantener la presión adecuada, las arterias se comprimieron, lo que permitió que la sangre siguiera afluyendo al cerebro, pero redujo el flujo en las extremidades. Al recibir menos sangre, los músculos carecían del oxígeno necesario para producir energía y eran incapaces de expulsar residuos como el dióxido de carbono y el ácido láctico. Poco después, Salazar empezó a tambalearse y a correr haciendo eses. Craig Virgin lo adelantó, y también Mike Roche. Pasó de segundo a cuarto, quinto, séptimo, octavo, décimo. Bob Hodge, que lo alcanzó cerca de la subida a Falmouth Heights, notó que temblaba y no se encontraba bien.

Si en ese momento se hubiera detenido a beber zumo de frutas y agua, podría haberse recuperado. Pero nadie sabía que estaba al borde del colapso. La gente creía que había corrido demasiado fuerte y se había resentido. Él mismo estaba confuso y desorientado. Como seguía transpirando y perdiendo agua, sus arterias se comprimieron aún más, hasta que al final la sangre no pudo llegar al cerebro.

Que Salazar fuera capaz de correr más tres kilómetros en esas condiciones fue la prueba de su resistencia mental y de su férrea voluntad, además de algo extremadamente peligroso. Cuando llegó a la línea de meta, su temperatura corporal era de 42 grados, casi diez grados por encima de lo normal, en la zona de alerta a la que suele seguir la muerte. Había dejado de transpirar y tenía la piel seca y apergaminada. Uno de los voluntarios reparó en que le costaba tenerse en pie, corrió a su lado y se lo llevó medio en volandas y medio a rastras hasta el puesto de primeros auxilios, donde estaba el doctor Arthur Crago.

El doctor Crago reconoció enseguida los síntomas del golpe de calor. Salazar estaba demacrado, débil y temblaba. En previsión de que algo así pudiera ocurrir, los voluntarios habían llenado varias cubas con hielo y agua. El doctor Crago acompañó a Salazar hasta una de las cubas y lo ayudó a meterse dentro. Salazar se metió en la cuba, pero al instante empezó a gritar y a dar golpes. Es una reacción habitual en esos casos, ya que la persona está desorientada y a menudo opone resistencia, aunque con ello pone en peligro su integridad y la de quienes tratan de ayudarlo. Lo peor es si se vuelca la cuba. Lo primero era reducir su temperatura corporal para que no sufriera convulsiones o lesiones cerebrales, y para ello lo mejor era sumergirlo en agua helada.

Enseguida llegó el doctor Arthur Robinson, el director médico de la carrera, y Salazar lo recibió con una retahíla de improperios. Más tarde se avergonzaría al recordar su comportamiento. El doctor era el padre de su novia, y él era un buen muchacho católico que no blasfemaba como un carretero, pero el doctor Robinson había visto golpes de calor y sabía que quienes los sufrían podían reaccionar con violencia. Escuchó atentamente y repasó las notas de su colega mientras el joven seguía jurando y gruñendo.

En ese momento llegó el padre de Salazar y el griterío en la tienda aumentó más aún. La temperatura corporal de Alberto estaba bajando, pero su padre no se fiaba de los médicos de la carrera e insistió en mandarlo al hospital. Por breve que fuera, el viaje en ambulancia podía hacer que la temperatura corporal repuntara, lo cual podía tener consecuencias irreparables. Lo mejor era dejarlo en la cuba de hielo hasta que su temperatura volviera a la normalidad. Pero José Salazar, levantando la voz y haciendo aspavientos, insistió. Finalmente, se decidió llamar a una ambulancia. Cuando llegó, la temperatura de Salazar ya había bajado a 38,8 grados, lo suficiente como para trasladarlo a urgencias. Los médicos se lo llevaron en una camilla con ruedas hasta la ambulancia, que salió disparada hacia el hospital de Falmouth con las sirenas y el señor José Salazar gritando a viva voz.

Varias horas más tarde, mientras en el Brothers Four se celebraba por todo lo alto, los invitados recibieron una visita sorpresa.

Alberto Salazar entró caminando con paso lento pero seguro. Les enseñó las marcas del brazo, donde las enfermeras le habían inyectado el catéter, y respondió a las preguntas de sus colegas medio ebrios. Sí, era cierto, había estado a punto de morirse. Sí, también era cierto que su padre había llamado a un sacerdote para que le diera la extremaunción. Y sin embargo, ahí estaba, vivo y coleando, listo para volver a correr.

Tommy Leonard le sirvió una cerveza, y sus antiguos compañeros de equipo se acercaron a darle la mano. La multitud formó un corro y brindó por Falmouth, la mejor carrera del país. Empezó a sonar la música y la gente se puso a bailar; los más veteranos no tardaron en ponerse a bailar el jitterbug, mientras Tommy los acompañaba cantando.

Salazar no bailó. Se quedó a un lado, cerca de la barra, pensando en la carrera. No había ganado y por poco había perdido la vida. Aun así, lo invadió una macabra sensación de satisfacción, acaso de felicidad. Aunque su cuerpo se lo imploraba, no se había rendido. Había atravesado corriendo las puertas de la muerte y se había despertado al otro lado. No había encontrado luces brillantes ni música celestial, tampoco había visto pasar la vida ante sus ojos ni había sentido remordimientos. Lo que sí había visto era unos ángeles que cuidaban de él. Ahora creía en ellos.

«Corre, Alberto —le decían—. Corre.»

La abarrotada camioneta de prensa, a la salida de la carrera de Falmouth de 1979.
Cortesía de la Falmouth Historical Society

15

PASOS DE ULTRAMAR (1979)

Me crié como un keniano blanco.

CRAIG VIRGIN

Al terminar la década, los estadounidenses estaban cómodamente instalados en la cima de la pirámide atlética. Bill Rodgers era el número uno del mundo en maratón; Craig Virgin y Marty Liquori eran el número dos en los 10.000 y los 5.000 metros respectivamente; Steve Scott y Don Paige eran el número tres y el siete en los 1.500 metros; Herb Lindsay, Kirk Pfeffer, Tony Sandoval y Alberto Salazar también ocupaban lugares prominentes, y aunque Frank Shorter todavía se estaba recuperando de la operación del pie y de sus problemas de espalda, seguía figurando entre los favoritos de cara a los Juegos Olímpicos de Moscú. De hecho, Estados Unidos tenía muchos números para llevarse el oro, la plata y el bronce en la maratón de las olimpiadas de 1980.

Sin embargo, la semilla del cambio había sido plantada ya antes de que Shorter volviera poner los pies en una pista. En la zona ecuatorial del este de África, los corredores de Etiopía, Kenia y Tanzania habían emergido del pasado colonial para reivindicar un lugar en el podio de los campeones. Representaban la esperanza para toda una generación de jóvenes que, con el tiempo, acabaría suplantando a sus rivales estadounidenses. Aunque los motivos por los que los corredores africanos son tan buenos siguen siendo objeto de debate, no hay que ver en ello misterios genéticos o raciales. La respuesta es la misma que en el resto de continentes: un grupo de atletas afines unidos por una cultura que fomenta el deporte al que se dedican.

Cuando Etiopía fue liberada por los Aliados en 1941, su Gobierno emprendió la creación de un ejército propio, con especial atención a la fuerza aérea y la Guardia Imperial. El país contó con la ayuda de Suecia, que cedió aviones y antiguo personal militar al emperador Haile Selassie. Entre quienes viajaron a Adís Abeba se encontraba Onni Niskanen, un sueco nacido en Finlandia, la patria del gran Paavo Nurmi. Niskanen era un excorredor de media distancia y *cross-country* de quien se decía que su afición al atletismo era tal que su primera esposa le había dado a elegir entre ella y el deporte. Por suerte (para Etiopía, no para su esposa), Niskanen eligió el deporte. Su misión, como él mismo diría más tarde, consistía en «introducir a Etiopía en la comunidad olímpica», labor ardua en un país carente de organizaciones atléticas, infraestructura deportiva y entrenadores.

Aun así, Niskanen buscó contactos entre la comunidad olímpica en Londres en 1948 y empezó a organizar competiciones en Etiopía, en las que ofrecía sus propios trofeos como premio. El atletismo de fondo parecía la disciplina más adecuada para un pueblo habituado a correr por tratarse de su principal medio de transporte. Los trabajadores normalmente iban y volvían de trabajar al trote, a menudo cargados con hatillos de comida u otros efectos. En cualquier caso, era la decisión más práctica en un país sin estadios ni dinero para construir equipamientos deportivos en condiciones. A Niskanen le costó conseguir que sus atletas se entrenaran de forma organizada, pero sus hombres no tardaron en darse cuenta de que ganando carreras podían acceder a buenos puestos en el ejército o la policía, y esa fue la inspiración que necesitaban.

Niskanen conoció a Abebe Bikila en la Escuela de Cadetes de la Guardia Imperial. Bikila había entrado en la escuela jugando al *yegena chewata*, un juego de pastores similar al hockey, al que se juega con un bastón curvo y una pelota de madera. Las porterías pueden encontrarse en pueblos distintos, a varios kilómetros de distancia. Cuando vio correr a Bikila, Niskanen se propuso convertirlo en campeón olímpico. Introdujo al joven etíope en el mundo de los entrenamientos interválicos y los suplementos vitamínicos y lo ayudó a adoptar un estilo de carrera más relajado. (Según Niskanen, corría como un «soldado en plena instrucción».)

Bikila no tardó en descollar bajo la tutela de Niskanen. En su segunda maratón, no solo derrotó a Wami Biratu, que durante años había sido una leyenda en el país, sino que batió por tres minutos el tiempo del ganador de la última maratón olímpica. De resultas de ello, se clasificó para participar con la delegación etíope en los Juegos Olímpicos de Roma de 1960. Cuando empezaron los juegos era un completo desconocido. Lo primero que de él destacaron los cronistas deportivos fue que corría descalzo, lo cual se debía, según ellos, a una pobreza extrema y un entrenamiento deficiente. La verdad es que Bikila estaba acostumbrado a correr descalzo. Las plantas de sus pies eran durísimas y negras; uno de sus rivales llegó a compararlas con «los neumáticos de los camiones militares». En Roma probó varias zapatillas para correr, pero todas le provocaban ampollas, así que prefirió competir sin ellas.

La maratón olímpica empezó a las 17.30 de un radiante día de septiembre. La imagen del corredor etíope descalzo fue objeto de mofa y befa por parte de la multitud congregada para presenciar la salida. Nadie lo tomaba en serio, pero nada más empezar la carrera Bikila se pegó al favorito de Rusia en el segundo grupo y se mantuvo a su lado durante los primeros cinco kilómetros. Poco después, se colocó en el grupo de los cuatro que lideraban la carrera. En el kilómetro dieciocho, el campeón marroquí Rhadi Ben Abdesselam atacó y Bikila fue el único capaz de seguirlo. Ambos hombres recorrieron juntos los siguientes doce kilómetros, mientras los comentaristas de la carrera se esforzaban en pronunciar correctamente el nombre del etíope. A unos dos kilómetros del final, Bikila atacó y Abdesselam se quedó atrás. Bikila cruzó la meta en 2:15:16,2, nuevo récord del mundo.

La de Bikila fue una victoria sensacional. Se producía en la misma ciudad en la que solo veinticuatro años antes Mussolini había celebrado su conquista de Adís Abeba. Bikila no solo era el primer africano negro en ganar un oro olímpico en cualquier deporte, sino que parecía salido de la nada. (Hoy en día, sigue siendo el único corredor que ha ganado una medalla olímpica descalzo.) Niskanen había advertido de sus habilidades, pero nadie había querido prestar oídos a ese sueco chiflado y su protegido descalzo. Eso cambió enseguida.

Después de la olimpiada, Bikila encadenó una racha durante la que ganó doce maratones de trece. En los Juegos Olímpicos de 1964, obtuvo su segunda medalla de oro y, a pesar de haber sufrido una operación de apéndice pocas semanas antes, marcó un nuevo récord del mundo. Se convirtió en el hombre más conocido y admirado del continente, y a su muerte —a los cuarenta y un años, a causa de una hemorragia cerebral producida por un accidente de tráfico que lo había dejado tetrapléjico cuatro años antes— el mundo lloró su pérdida.

A pesar de su prematura muerte, sus medallas marcaron el salto de los corredores africanos a la palestra internacional y su influencia fue decisiva para que un joven corredor keniano se decidiera a probar suerte en la media distancia. Al igual que Bikila, Kipchoge *Kip* Keino se había formado como atleta tras ingresar en la academia de policía creada por la antigua potencia ocupante de su país. Al cabo de tres años, ya se había ganado un puesto en el equipo keniano para los Juegos del Imperio Británico y de la Commonwealth en Australia. Dos años después, en los Juegos Olímpicos de Tokio de 1964, mejoró en veinticinco segundos su mejor tiempo en los 5.000 metros y quedó quinto. Fue en Tokio donde adquirió la característica gorra naranja que lucía durante las carreras y que arrojaba al esprintar hacia la meta, en un gesto extravagante y a primera vista impropio de un hombre al que sus competidores describían como «tímido y encantador».

Y sin embargo era un corredor agresivo que se crecía en las competiciones y que disputó sus mejores carreras cuando tuvo que pelear por el liderato. En 1965, batió los récords del mundo en 3.000 y 5.000 metros y se quedó a una décima de segundo de batirlo también en la milla, en la que marcó un tiempo de 3:54,2, convirtiéndose así en el primer africano en bajar de los cuatro minutos. Ganó dos medallas de oro en los Juegos Panafricanos y tres en los Juegos del Imperio Británico y de la Commonwealth de 1966. Sin embargo, donde de veras destacó fue en los Juegos Olímpicos de México de 1968.

Keino había logrado clasificarse en tres pruebas: los 1.500, los 5.000 y los 10.000 metros. Incluyendo las eliminatorias, eso suponía correr seis carreras en ocho días. El keniano había llegado a los juegos con una infección no diagnosticada en la vesícula biliar y, en su primera carrera, la de los 10.000, cayó al suelo de dolor a falta de tres vueltas para el final. Dos días después, corrió los 5.000 metros y se hizo con la plata quedando a dos décimas de segundo de la victoria. Su última oportunidad para ganar el oro era en los 1.500 —la milla—, donde su principal rival era Jim Ryun, que poseía el récord de Estados Unidos y del mundo. Ryun no había perdido una sola carrera en la milla en tres años y además estaba fresco, mientras que Keino estaba enfermo y ya había corrido cinco carreras.

Por si no bastara con eso, Ryun era famoso por su devastadora zancada. Eso significaba que Keino, pese a su débil condición, tendría que correr fuerte si quería derrotar a Ryun en los últimos metros. Parecía misión imposible, pero Keino corrió la primera vuelta en 56 segundos y se plantó en la mitad de la carrera en 1:55,3, un ritmo de récord del mundo. Pese a la altitud y el fino aire de Ciudad de México, el keniano corrió la tercera vuelta en 58 segundos y, doscientos metros antes de la meta, llevaba una ventaja de doce metros. Ryun aceleró, pero Keino no se arrugó y cruzó la línea de meta en 3:34,9, un nuevo récord olímpico. De hecho, había corrido la segunda mitad de la carrera más rápido que la primera; de haber mantenido ese ritmo durante todo el recorrido, habría batido el récord mundial de Ryun.

Durante los años siguientes, Keino siguió acumulando victorias en pruebas de media distancia. En los Juegos Olímpicos de Múnich le llegó el momento de medirse con otro atleta de África oriental. Filbert Bayi había crecido a la sombra del monte Kilimanjaro en Arusha, Tanzania, y de pequeño podía llegar a correr distancias de hasta trece kilómetros para ir al colegio. Kip Keino era su ídolo de adolescencia y trataba de emularlo. A los diecisiete años, se instaló en Dar es-Salam para trabajar como técnico de la fuerza aérea y empezó a entrenar en el caluroso y húmedo clima de la ciudad. Sus ejercicios de velocidad solían consistir en esprintar junto a un tronado autobús de gasóleo y recuperarse durante el tiempo que los pasajeros tardaban en subir y bajar del vehículo. A pesar de esa peculiar aplicación del método interválico, Bayi logró clasificarse para los Juegos Olímpicos de 1972 tanto en obstáculos como en los 1.500.

Hoy en día pensamos en los atletas de África oriental como fondistas por antonomasia, pero en Múnich —donde Shorter ganó la maratón— los kenianos quedaron terceros en los 400 y los 800 metros, segundos en los 1.500 y primeros en los 3.000 metros obstáculos. Lamentablemente, mientras que Keino obtuvo dos de las medallas de Kenia (oro en los 3.000 obstáculos y plata en los 1.500), Bayi no pudo escaparse del pelotón para unirse al grupo líder. Decidido a evitar que esto se repitiera en futuras carreras, desarrolló un estilo propio que *Sports Illustrated* calificó de «suicida». Su método consistía en tomar la delantera al principio de la carrera, dejar espacio entre él y el grupo y, una de dos, o bien quemarse a medio camino o ganar de forma espectacular. Aunque la mayoría de atletas suelen considerar esta práctica como una desagradable forma de exhibicionismo, la intención de Bayi no era esa; sencillamente se sentía más cómodo corriendo delante. Y a sus fans les encantaba. Cuando Bayi corría, el espectáculo estaba garantizado.

Su carrera más famosa, y una de las competiciones más impresionantes de la historia, fue en los 1.500 metros de los Juegos de la Commonwealth Británica celebrados en Christchurch, Nueva Zelanda, en 1974. Entre sus rivales de ese día se encontraban el keniano Ben Jipcho y los neozelandeses Rod Dixon y John Walker. Bayi se colocó en cabeza desde el pistoletazo de salida, con una ventaja de hasta veinte metros hasta la última vuelta. Cuando Jipcho y Walker trataron de atacar, Bayi no solo logró mantener la distancia sino que, en el proceso, batió el récord del mundo de Jim Ryun. El ritmo fue tan demoledor que los tiempos de los siguientes cuatro clasificados computaron entre los diez mejores tiempos de la historia. La carrera marcaría también el principio de una larga rivalidad entre Bayi y Walker, rivalidad que los llevó a correr por distintos continentes y que generó gran fama para ambos.

Años después, Bayi decidió pasarse a la maratón. Su debut se produjo en 1979 en Nueva York, frente a Bill Rodgers y Alberto Salazar. Al mismo tiempo que Bayi se preparaba para ir a Nueva York, el keniano Hillary Tuwei atacaba en otro frente —en este caso, el de las universidades estadounidenses— junto a su compatriota Henry Rono, uno de los rivales más acérrimos de Salazar. El año anterior, Rono había batido cuatro récords del mundo en dieciocho días; en cuanto a Tuwei, había terminado sexto en la carrera de Falmouth de 1978 y figuraba entre los favoritos para la de 1979.

Los africanos habían descubierto que el sistema universitario estadounidense les permitía vivir y comer gratuitamente; por su parte, los entrenadores del país veían en ellos un filón por explotar y confiaban en que su talento podía servir para mejorar los programas de atletismo. Durante los años siguientes, centros como la Universidad Estatal de Washington, la Universidad de Villanova y la Universidad de Texas de El Paso escalarían varias posiciones en las clasificaciones como resultado de esta simbiosis.

Con todo, la carrera de Falmouth de 1979 no había de marcar el punto de inflexión a favor de los africanos. Significativamente, dicho momento no llegaría hasta 1983, al final de la década que definió el *boom*. El de 1979 fue un año de barras y estrellas, aunque no gracias a Shorter, Rodgers o Salazar.

Shorter había vuelto a correr bien después de la operación; había acabado tercero —por detrás de Rodgers y Virgin— en la Trevira

Twosome de Nueva York y había ganado a Rodgers en Colorado y Chicago. Rodgers se había impuesto por tercera vez en la maratón de Boston, batiendo su propio récord de Estados Unidos. Salazar había ganado a Rono en el campeonato de *cross-country* de la NCAA —su primer título individual— y había sido el mejor corredor estadounidense en los 10.000 metros.

Pero los encargados de meterse en el bolsillo la carrera de Falmouth no serían los maratonistas, sino otros atletas cuya velocidad de piernas se ajustaba mejor a esa distancia. Craig Virgin era el plusmarquista de Estados Unidos en 10.000 metros, casi la misma distancia que Falmouth, y Herb Lindsay había batido recientemente el récord del país en las diez millas. Aunque Rodgers fuera el favorito del público y de Leonard, ese año Virgin fue el primero en cruzar la meta, seguido por Lindsay y Boston Billy, y Shorter en quinto lugar. Virgin batió por dos segundos el récord de la prueba que ostentaba Rodgers. Como prueba de la calidad de los participantes, baste decir que los primeros siete corredores cruzaron la línea de meta en el espacio de veintiséis segundos.

Rodgers, magnánimo como siempre, felicitó a los vencedores y dijo que tendría que esforzarse más al año siguiente. Shorter se declaró satisfecho por haber corrido a buen paso. Ni uno ni otro dieron mayor importancia al asunto. Rodgers ganaría la maratón de Nueva York unos meses más tarde, pero ninguno de ellos volvería a vencer en Falmouth. La carrera de 1979 marcó, como más tarde dijo Virgin, «un cambio de guardia».

En la otra punta del país, otro joven corredor empezaba a triunfar, mientras al otro lado del océano un continente entero cobraba vida. Sus pasos sonaban al ritmo del reloj.

Alberto Salazar escapándose de Rodolfo Gómez en la Quinta Avenida durante el debut de Salazar en la maratón.

16

UN NUEVO MUNDO (1980)

Me vengué. Ese año me hice republicano.

DON PAIGE

Shorter, Rodgers y Salazar no prestaron mucha atención a la entrada de los tanques soviéticos en Afganistán en diciembre de 1979. Los tres estaban centrados en entrenarse para las pruebas de clasificación para los Juegos Olímpicos de 1980 en Moscú. Rodgers todavía estaba dolido por su desastrosa carrera en Montreal y ansiaba una segunda oportunidad. Era el maratonista número uno del mundo y había sido el amo del asfalto durante los dos últimos años, pero ni aun así podía sacudirse de encima la inseguridad que le provocaba no haber ganado un oro olímpico. Por más rápido que corriera, por más veces que venciera a Shorter, el de Yale seguiría teniendo su oro y su plata. Moscú era la ocasión para ahuyentar a sus fantasmas. Aunque Shorter había vuelto a lesionarse y había corrido mal en Nueva York, nadie descartaba que pudiera dar una sorpresa, y él menos que nadie. En cuanto a Salazar, todavía no había disputado una maratón, y no iba a empezar en una olimpiada. Como campeón de la División I de *cross-country* de la NCAA, sus miras estaban puestas en los 10.000 metros. La maratón tendría que esperar.

El primero en proponer un boicot a los juegos fue el diplomático Rolf Pauls, de Alemania Occidental, durante una reunión de emergencia de la OTAN en Bruselas. La moción recibió el apoyo del presidente Jimmy Carter, quien vio en el boicot a los Juegos Olímpicos un modo efectivo de condenar la invasión soviética sin emprender acciones militares. Al igual que Alemania en 1936, la Unión Soviética pretendía servirse de las olimpiadas para exhibir su sistema político y utilizar los logros de sus atletas para hacer alarde de la pujanza y los éxitos del comunismo. El boicot permitiría rechazar esa equiparación simplista e impediría que los comunistas se lucieran.

A través del Comité Olímpico Estadounidense (USOC), Carter presionó al Comité Olímpico Internacional para que o bien cambiara la ubicación o la fecha de los juegos, o bien los cancelara. Ante la negativa del COI, Carter concentró sus esfuerzos en Estados Unidos y exhortó al Congreso, a la ciudadanía en general y a los atletas en particular a que mostraran su desaprobación ante las acciones soviéticas. Finalmente, y gracias en buena medida a un discurso en el que el vicepresidente Walter Mondale apeló a la moral y el sentimiento patriótico, la junta de delegados del USOC votó a favor del boicot.

La reacción de los atletas fue inmediata y casi unánimemente condenatoria. Rodgers afirmó que Estados Unidos temía la superioridad atlética de los soviéticos: «No somos más que una herramienta, un instrumento —declaró—. No le importamos a nadie, a menos que podamos servir a sus propósitos». Su ira quedó plasmada en la primera página del *Boston Globe*, que una semana antes de la maratón de Boston publicó el titular: «Maratonista se convierte en joven airado». Como muestra de desprecio hacia el USOC, Rodgers optó por no correr en los *trials* —rechazando la idea de la solidaridad en pro de la eficacia política— para poder correr en Boston, donde ganó por cuarta vez consecutiva. Era el único corredor que había logrado cuatro victorias tanto en la maratón de Nueva York como en la de Boston y consideraba que la negativa de su país a permitir su coronación definitiva constituía un acto de traición, uno más en la cuenta de un Gobierno en el que no creía. Jamás le perdonó a Carter esa decisión.

Shorter se mostró particularmente estoico ante el boicot. Como él mismo escribiría más tarde, opinaba que «se mire por donde se mire» era una reacción equivocada, pero admitía su «ingenuidad en esta clase de asuntos». Si el presidente decía que el interés nacional estaba en juego, él aceptaba su palabra. Sea como fuere, para entonces Shorter ya sabía que no lograría recuperarse de las lesiones a tiempo para correr una buena maratón en Moscú. De hecho, corrió en los *trials* y quedó vigésimo séptimo, más de quince minutos por debajo de su propio tiempo de clasificación en 1976. Poco podía ganar protestando contra el boicot, y aunque sabía defender sus intereses a brazo partido —solo hay que recordar sus ataques contra el reglamento de aficionados—, entre estos no figuraba el rechazo al boicot olímpico.

En cuanto a Salazar, había recibido una prórroga que le permitía participar un año más en competiciones universitarias y pasar un mes en Kenia para prepararse para los 10.000 metros. «Para un corredor de talla nacional —escribió en *14 Minutes*—, las olimpiadas son el momento de la verdad. Ahí es donde uno afianza su reputación y donde, si es un profesional, gana dinero de veras.» Sin embargo, se pasó buena parte de la primavera lesionado y apenas se recuperó a tiempo para quedar tercero en la prueba clasificatoria. El vencedor de la carrera fue Craig Virgin, que batió el récord de Estados Unidos y consiguió la segunda mejor marca de todos los tiempos. Ambos quedaban «clasificados» para los Juegos Olímpicos, pero era un honor huero. Eran dos atletas olímpicos sin sede, dos corredores de talla internacional que no podían competir contra el mundo.

Al final fueron sesenta y cinco los países que no acudieron a los juegos de Moscú. Algunos de ellos participaron en los Juegos Olímpicos del Boicot (cuyo nombre oficial fue el de Liberty Bell Classic), organizados a toda prisa en la ciudad de Filadelfia. Como premio de consolación, los atletas estadounidenses recibieron una medalla del Congreso que el millista Steve Scott calificó de «basura»: «Era como si nos dijeran: "Muy bien, ya que no os dejamos ir a las olimpiadas, os daremos estas falsas medallas de oro"». Un pequeño grupo de atletas liderado por la remera Anita DeFrantz demandó al USOC por infringir la Ley de Deportistas Aficionados de 1978, aunque la demanda fue desestimada por un tribunal de apelación federal. Otro grupo planeó la posibilidad de competir de todos modos entrando en Moscú desde Hungría en autobús, pero cuando el Servicio Secreto averiguó sus intenciones amenazó con confiscarles los pasaportes a todos los atletas que trataran de competir. Incluso quienes estaban a favor del boicot —o por lo menos comprendían sus motivos— se sintieron ofendidos ante aquel gesto gratuito. En palabras del nadador Craig Beardsley: «Si tenía que servir para algo, nos sacrificaríamos. Pero a medida que el tiempo pasaba y nos dábamos cuenta de la insignificancia de su impacto, aumentaba mi rabia por los efectos que el boicot tenía sobre mis amigos y compañeros de equipo y sobre los atletas del resto de países».

Shorter ya tenía su medalla, pero Rodgers y Salazar no, y al final nunca llegarían a obtenerla. Casi la mitad de los miembros del equipo olímpico estadounidense de 1980, incluidos ambos fondistas, no volverían a tener otra oportunidad. De hecho, la Unión Soviética y Alemania Oriental boicotearían los Juegos Olímpicos de Los Ángeles en represalia, y, de resultas de ello, una generación entera de atletas vio cómo se le negaba la ocasión de competir en la mayor cita deportiva contra los mejores atletas del mundo. Puede que el boicot no alterara el derrotero de los acontecimientos políticos, pero arruinó los sueños de casi todos los atletas a los que no se les permitió competir.

Para Alberto Salazar, no obstante, el boicot fue una bendición disfrazada. Había agotado los cuatro años de que disponía para participar en el circuito universitario de *cross-country* y ante él se abría ahora un vacío. Durante el verano, corrió en Europa, donde registró sus mejores marcas personales en 5.000 y 10.000 metros, pero sufrió un esguince de tendón y tuvo que volver a Eugene con su segunda lesión importante en seis meses. Aquello era un aviso para que moderara su intensidad, pero Salazar hizo caso omiso.

Anteriormente también había sufrido una hipotermia por nadar demasiado tiempo en la piscina del entrenador Dellinger en pleno mes de febrero. Pero si la muerte no podía detenerlo, tampoco iba hacerlo una lesión del tejido blando. Así las cosas, cuando un tipo de aspecto extranjero le hizo una oferta, Salazar no pudo rechazarla.

Fred Lebow se había desplazado hasta Oregón con el propósito de reclutar al próximo fondista estrella de la maratón de Nueva York. Sabía que a Salazar le apetecía medirse en esa distancia —no era ningún secreto— y sabía también que, a falta de la gloria olímpica y de competiciones durante la temporada de otoño, Salazar necesitaba un reto. Como buen hombre de negocios, Lebow supo adaptarse a los deseos de su cliente. Era el momento oportuno para que surgiera un nuevo campeón, le dijo Lebow, alguien que pudiera arrebatarle la corona a Bill Rodgers. Y sabía que ese corredor podía ser Salazar.

Su profecía tenía un regusto embriagador y surtió el efecto deseado. La maratón había sido el sueño de Salazar desde el día en que había visto a Rodgers a la cabeza de la maratón de Boston, y ahora el hombre que poseía las llaves de Nueva York se las ofrecía a él en bandeja. La Gran Manzana era el lugar perfecto para el debut de Salazar: una ciudad nueva, audaz y atrevida. Como él, la maratón de Nueva York era el buque insignia del resurgimiento de la reina de las pruebas de fondo y no se disculpaba ante nadie por haberse abierto paso hasta lo más alto. No había sido la cuna del *boom*, pero, al igual que la carrera de Falmouth, era un producto de su tiempo y gracias a ella el atletismo había dado un paso adelante. Era el escenario en el que Estados Unidos proclamaba su nueva obsesión ante el mundo y en el que sus estrellas brillaban. Y de todas las estrellas del firmamento, ninguna había de brillar más que la de Alberto Salazar.

El entrenador Bill Squires le había aconsejado a Salazar que esperase a tener más edad y resistencia antes de intentar la maratón. Pero Dellinger —que nunca había entrenado a un maratonista de nivel internacional y cuya autoridad tenía más o menos la rigidez de un chicle— creyó que podía hacerlo y que era lo que Salazar necesitaba. Era cierto que no tenía el kilometraje que cabía esperar en un maratonista, pero tanto él como Dellinger opinaban que la maratón podía abordarse simplemente como una carrera por asfalto de larga distancia. A fin de cuentas, la mayor parte de los kilómetros que corría un maratonista no valían de nada: correr largas distancias a poca velocidad solo servía para hacer circular la sangre por las piernas. Salazar no creía en los métodos tradicionales; tenía que correr siempre al máximo. Lo que le faltaba en kilometraje lo compensaba de sobra con fuerza y velocidad. Nunca corrió más de 243 kilómetros semanales (a pesar de que algunos aseguran que corría más de 320), pero muchos de ellos los corría a paso de carrera o casi. Uno de los ejercicios favoritos de Dellinger consistía en hacer correr a sus hombres los primeros 200 metros de un total de 400 en 30 segundos (a paso de cuatro minutos por milla), bajar a 40 segundos durante los segundos 200 y luego vuelta a empezar. Otro ejercicio consistía en hacerlos correr intervalos de 400 metros a velocidad progresiva, en series de 70, 65 y 60 segundos, a continuación trotar por la cuesta de la Decimotercera avenida de Eugene, recorrer tres cuartos de milla en 3:05 y volver a la pista para realizar otras tres series de 400 metros. La mayoría de corredores lo hacían una vez. Los mejores lo hacían dos. Salazar, tres.

Debido a la lesión del tendón, tenía solo unas seis semanas para entrenarse antes de Nueva York. Una vez más, esto probablemente jugó a su favor. Si de él hubiera dependido, habría aumentado su kilometraje hasta agotarse, pero dadas las circunstancias no podía permitirse otra lesión. Apenas tuvo tiempo para realizar sus entrenamientos preferidos, ducharse y subirse al avión para Nueva York.

Llegó a la ciudad la noche del jueves previo al domingo de la carrera. Viajó solo, sin entrenador ni equipo de apoyo. Durante la rueda de prensa previa a la carrera, vestido con una chaqueta negra de motero, respondió a una pregunta de uno de los periodistas diciendo que «si no hay imprevistos, debería correr por debajo de 2:10». Más tarde atribuiría ese pronóstico a Lebow, pero en realidad lo había hecho él. Solo un estadounidense había corrido por debajo de 2:10, y ahora un universitario de veintidós años, un novato, anunciaba que él iba a ser el segundo. La prensa mordió el cebo. Gracias a su atractivo aspecto, la chaqueta negra y la seguridad en su propia grandeza, se convirtió, en sus propias palabras, en «la versión atlética de Joe Namath o Muhammad Ali». Los neoyorquinos disfrutaban con ciertas dosis de descaro, y la fanfarronería de Salazar contrastaba vivamente con el comedimiento de Frank Shorter, Bill Rodgers o Grete Waitz, la campeona femenina, una noruega que se había ganado el corazón de los neoyorquinos a pesar de su empecinada corrección. El padre de Salazar compartía esa actitud y no dudó en afirmar que su hijo ganaría: «Siempre hace previsiones acerca de los resultados, y siempre se cumplen».

Alberto se pasaría el resto de la vida tratando de desmentir su arrogancia. Si por *arrogante* se entiende «tener una opinión exagerada de las propias habilidades», él no lo era. Jamás alardeaba ni presumía; se limitaba a decir la verdad tal y como él la veía, y por regla general no se equivocaba. Su pronóstico con respecto a la maratón de Nueva York se basaba en la atenta observación (por parte de Dellinger y él mismo) de su propia condición física. Si por *arrogancia* entendemos «complejo de superioridad», el término ya se acerca más a su personalidad. Se creía más rápido, más duro y mejor que cualquier otro corredor de asfalto. En Falmouth había corrido casi hasta la muerte; ¿qué iba a detenerlo? A fin de cuentas, la confianza en uno mismo es un rasgo característico de todo atleta de éxito; sin ella, la victoria sería difícil.

Pero si por *arrogante* entendemos «orgulloso, desdeñoso y distante», entonces la palabra encajaba con él a la perfección. Salazar no veía motivos para andarse con contemplaciones y carecía tanto del refinamiento patricio de Shorter como de la ingenua franqueza de Rodgers. No toleraba preguntas estúpidas (o preguntas que a él le parecieran estúpidas) ni perdía el tiempo con distracciones que pudieran apartarlo de su objetivo: ser el mejor fondista del mundo.

En realidad, se trataba de un mecanismo de defensa aprendido, fruto de la inseguridad y potenciado por la depresión. Según él mismo admitía, era más fácil centrarse en correr que enfrentarse a esa sensación de inadaptación social que a menudo lo angustiaba. Lo más sencillo era utilizar la rabia silenciosa que sentía hacia su padre y esa sensación de desesperación que no acertaba a verbalizar como arma arrojadiza contra periodistas ineptos, directores de carrera incompetentes y cualquiera que representara un blanco fácil. Eso lo convertía en arrogante, pero la suya era una arrogancia teñida de tristeza, un caparazón protector con el que recubría unas heridas que no podía curar.

Naturalmente, la predicción de Salazar irritó a Bill Rodgers. Después de todo, él era el plusmarquista de la carrera y del país, el único estadounidense que efectivamente había corrido por debajo de 2:10. Aunque ese verano hubiera perdido en Falmouth a manos del neozelandés Ron Dixon, el primer extranjero en ganar la carrera, Rodgers era el único hombre que había ganado la maratón de Nueva York cuatro veces seguidas. Había seguido la evolución de Salazar y sabía de sus hazañas en los *trials* y en Europa. Pero aun cuando Salazar no hubiera sufrido ninguna lesión y hubiera podido entrenarse con normalidad, el asfalto no tenía nada que ver con la cadencia regular de la pista, y esa diferencia se acentuaba aún más en el caso de la maratón. «La carrera tiene treinta kilómetros más de los que Alberto está acostumbrado a correr —declaró—. Mientras los corre aprenderá una lección. A mí no me gana ningún novato.»

El 26 de octubre de 1980, Nueva York se despertó con frío y borrasca. Salazar había salido a la una de la noche a comer pizza con su hermano pequeño y solo había dormido unas pocas horas. No obstante, la energía de los nervios no le dejaba sentir cansancio alguno. Saltó de la cama antes de que sonara el despertador y se vistió a oscuras para ir a Staten Island. Iría en coche, pero volvería a pie.

A la hora de la carrera la temperatura era de 7,2 grados y el viento soplaba con rachas de hasta 55 kilómetros por hora. Por suerte, llegaba de espaldas. Frente a las vistas del puente de Verrazano, los catorce mil corredores se apiñaban para darse calor, abrigados con bolsas de basura, sábanas o viejas sudaderas de las que se desharían en cuanto sonara el pistoletazo de salida. Momentos antes de una carrera importante la atmósfera siempre está cargada de emoción, pero esa mañana de octubre algo especial flotaba en el aire. Los dos mejores fondistas del mundo iban a verse las caras, y el público vibraba de impaciencia. Era el momento olímpico que Estados Unidos se había perdido, la antorcha que simbolizaba el éxito del *boom* en el país. La juventud de Salazar auguraba un futuro brillante, mientras que la experiencia de Rodgers ponía el énfasis en el presente. No había nadie entre el público que no hubiera oído el osado pronóstico de Salazar, y cada cual tenía una opinión propia acerca de sus méritos. Los corredores estaban ahí para poner a prueba sus cuerpos, pero también querían ver una buena carrera. Y esa iba a serlo.

Cuando sonó la pistola, los participantes empezaron a recorrer el puente de Verrazano. Sobre sus cabezas, una columna de helicópteros; debajo, una escuadra de barcos de bomberos disparando agua hacia lo alto. El chino Fank Nenshun se puso en cabeza, seguido de cerca por un gran grupo en el que iban Salazar, Rodgers y Filbert Bayi, que hacía su debut en la maratón.

Los corredores sabían que debían ahorrar energías durante los primeros treinta kilómetros con la esperanza de que les quedaran fuerzas para recorrer los últimos doce. El viento soplaba a su favor, lo que, como diría más tarde Salazar, «facilitaba» correr a un paso de 4:52. Recorridos cinco kilómetros, Bayi se colocó primero seguido por dos de sus compatriotas. Parecía una maniobra arriesgada para un novato, pero Bayi era un competidor serio y no había que subestimarlo. Tanto Rodgers como Salazar trataron de no alejarse de él.

En el kilómetro once, el grupo de cabeza estaba integrado por treinta corredores. En el dieciséis, Salazar se adelantó hasta la posición de Rodgers y pensó que estaba siendo una carrera cómoda. «No te preocupes, novato —le dijo el veterano—, tu momento llegará.»

Hacia mitad de la carrera, el grupo se había reducido a una veintena participantes. En el kilómetro veintidós, Dick Beardsley tropezó en un bache y cayó al suelo. La cosa no habría tenido mayor importancia —una víctima anónima como las que hay en cualquier carrera de fondo— de no ser porque Rodgers fue al suelo con él. Beardsley se levantó rápidamente y continuó corriendo, pero Rodgers se quedó tendido varios segundos y se quedó a unos setenta metros de la cabeza. De pronto, se había producido un gran cambio en el pelotón de cabeza. Hacia el kilómetro veintiséis, el grupo lo integraban Salazar, el inglés John Graham y el mexicano Rodolfo Gómez, medalla de plata en la maratón olímpica de 1980; un segundo grupo los seguía a unos cuatrocientos metros.

Salazar se notaba suelto y tenía tentaciones de escaparse, pero recordó que la carrera de verdad empezaba a diez kilómetros del final y aguardó colocándose detrás de Gómez y Graham. Poco antes del kilómetro veintinueve, sintió una punzada en el costado. Trató de relajarse y se concentró en respirar profunda y regularmente, pero la punzada no remitía. Al kilómetro treinta seguía ahí. ¿Sería el presagio del desastre o tan solo una molestia menor? En el kilómetro treinta y tres, la punzada desapareció igual que había llegado. Salazar apretó el paso y dejó atrás a Graham. Ya solo quedaba Gómez, que iba un par de zancadas por delante de él. Se aproximaban a Central Park. Salazar se colocó detrás del hombro de Gómez con la intención de que el mexicano se preguntase cuánta energía le quedaba. Se sentía el amo de la carrera y estaba preparado para el acelerón, solo tenía que esperar el momento adecuado para arrebatarle el liderato al medallista olímpico.

Algo más adelante, a unos seis kilómetros y medio de la línea de meta, había un puesto de agua. En cuanto Gómez aminoró para agarrar un vaso, Salazar arrancó hasta dejar a su rival a una treintena de metros. Cuando quedaban algo menos de cinco kilómetros, Salazar llevaba unos noventa metros de ventaja. Al llegar al extremo sur de Central Park, los espectadores lo recibieron con vítores. Gómez estaba cada vez más atrás, Salazar seguía corriendo rapidísimo y todo apuntaba a que Nueva York iba a tener un nuevo campeón.

Al llegar a la última cuesta, junto al Tavern on the Green, Salazar iba solo y corría como un poseso. Rompió la cinta en 2:09:41, pulverizando el récord de Rodgers por veintiocho segundos y marcando el segundo mejor tiempo de la historia para un estadounidense. Era la maratón más rápida que hubiera corrido nadie en su debut. Gómez terminó segundo, seguido por Graham, el texano Jeff Wells y Rodgers, que terminó en 2:13:21. Por el lado de las mujeres, Grete Waitz ganó su tercera maratón (llegaría a acumular nueve) y batió su tercer récord del mundo en la prueba, con un tiempo de 2:25:42.

El «Rookie» había cumplido su predicción y había vencido a Rodgers en su propio terreno. Había llegado la hora de Alberto Salazar, era su primera victoria sobre Rodgers y su estrella iba en trayectoria ascendente. Con todo, cuando los periodistas le preguntaron cómo se sentía, se encogió de hombros y aseguró no estar impresionado. Las cifras no eran más que eso, y la maratón no tenía nada de especial. Una carrera más. «No creo que me haya demostrado nada a mí mismo —declaró—. Aunque creo que sí se lo he demostrado a otros.»

El comentario no le ayudó a hacer amigos entre la comunidad atlética, incluido Bill Rodgers, que creía que el muchacho debía mostrar algo más de respeto por la prueba. Salazar lo había derrotado en asfalto, pero Rodgers seguía contando con el récord de Estados Unidos y un historial envidiable. La próxima vez, las cosas serían distintas.

Por el momento, Estados Unidos tenía un nuevo campeón para una nueva década, un advenedizo arrogante muy en sintonía con el humor cambiante de un país que dejaba atrás una época difícil de la mano de un nuevo presidente que prometía que «volvería a ser de día en América». Como prueba de ello, el día de su toma de posesión, Ronald Reagan anunció la liberación de los rehenes estadounidenses en Irán tras cuatrocientos cuarenta y cuatro días cautiverio. Para la familia Salazar, como para otras muchas familias de todo el país, fueron momentos de felicidad. El fervor patriotero de Reagan y su retórica de manual de autoayuda eran el antídoto perfecto contra el desánimo de los demócratas. El país llevaba demasiado tiempo disculpándose por su desmedido apetito y poniéndose a sí mismo en la picota. Había llegado la hora de dar un puñetazo sobre la mesa.

Y Alberto Salazar era el corredor ideal para ello.

Alberto Salazar bate el récord del mundo en la maratón de Nueva York.

© New York Daily News, vía Getty Images

17

EL REY HA MUERTO, VIVA EL REY (1981)

Mi madre decía que salí del vientre corriendo.

ROD DIXON

Tommy Leonard tenía por costumbre entregarle una cerveza al vencedor en la línea de meta de Falmouth Heights. No es eso precisamente lo primero que a uno le apetece nada más acabar una carrera, pero para Tommy era lo primero que *tenía* que apetecerle. Si correr era una excusa para beber, correr rápido era una excusa para beber más. La cuestión era divertirse, como descubriría el neozelandés Rod Dixon al ganar la carrera de 1980, derrotando a Herb Lindsay, que terminó segundo por segundo año consecutivo, y a Bill Rodgers, que cayó hasta el puesto dieciséis. «¡Cerveza para Dixon!», gritaba la gente. Y Tommy se la dio.

La carrera había crecido notablemente desde sus orígenes como remedio para la resaca a la vera del mar. En 1981, la revista *Runner's World* la eligió como la mejor carrera por asfalto de Estados Unidos, por delante de las maratones de Boston y de Nueva York. Tommy seguía sirviendo cervezas, pero empezaban a circular rumores sobre su afición a la bebida. Desmayarse en una bañera no tenía ninguna gracia, al menos a ojos de la gente que daba importancia a esas cosas, así que empezaron a controlarlo más de cerca.

Conforme se acumulaban los reconocimientos, las cosas fueron tomando un cariz más serio, y, a medida que Falmouth y el *boom* se fueron «profesionalizando», personas como Tommy empezaron a sentirse marginadas. Tommy era sin duda un «personaje» pintoresco, pero patrocinadores como Perrier, New Balance y Nike habían empezado a invertir grandes sumas en el atletismo y esperaban dividendos, no bacanales romanas. A principios de la década de 1980, Tommy quedó relegado a relaciones públicas y otros pasaron a ocuparse del trabajo de verdad.

También surgieron tensiones entre Rich Sherman y John Carroll y sus esposas, Kathy y Lucia. Carroll, el entrenador de pista, se encargaba de los atletas de élite y se consideraba un buen conocedor de sus capacidades. Sherman, que se había pasado al negocio de las aseguradoras, se ocupaba de la parte logística y económica. El problema era la terquedad de ambos, cada cual creía que el éxito de la carrera dependía de él y no estaban dispuestos a delegar responsabilidades. Se dividían las tareas y por lo general no se interponían en el camino del otro, pero había momentos en los que el conflicto era inevitable, sobre todo a medida que se acercaba el día de la carrera y aumentaba la presión para lograr que varios miles de personas se repartieran por los casi doce kilómetros del trazado. Aguantaron juntos treinta y cinco años, hasta que el silencio y los desaires acabaron minando la relación.

Pero nada de eso había ocurrido aún en el glorioso año de 1981, el año de Alberto Salazar.

El año empezó con buenos augurios: con el compromiso entre Salazar y Molly Morton. Pese a perder el torneo de la NCAA en primavera, Salazar se impuso en los 5.000 y los 10.000 metros en el campeonato de la Pac-10. Además, era el vigente campeón de la maratón de Nueva York. En verano, contrató los servicios de un agente de IMG y firmó un contrato de patrocinio con Nike, que le garantizaba un sueldo base de 50.000 dólares, más varios cientos de miles por primas y complementos en función de distintos objetivos. En su momento se rumoreó que era la suma más alta jamás ofrecida a un corredor de fondo.

Salazar tuvo la suerte de beneficiarse del camino que habían abierto Shorter y Rodgers; el éxito le había llegado en el momento oportuno. *Carros de fuego* fue la revelación en los premios de la

Academia, donde obtuvo cinco Oscars, incluido el de mejor película. En otoño, catorce mil personas corrieron la maratón de Nueva York y la ABC la retransmitió por todo el país. Al otro lado del océano, la primera edición de la maratón de Londres, organizada por el antiguo compañero de entrenamientos de Roger Bannister, Chris Brasher, congregó a siete mil quinientos participantes, entre ellos el estadounidense Dick Beardsley, que fue el vencedor. El atletismo y los atletas de fondo nunca habían sido tan populares, y Salazar era el más popular de todos ellos. El muchacho espigado de Wayland al que nadie había querido acompañar al baile de graduación era ahora el hombre más solicitado de Oregón.

En retrospectiva, es fácil determinar cuándo una época toca a su fin. Tanto Bill Rodgers como Frank Shorter creían estar todavía en la cresta de la ola. Habían pasado una mala racha, pero recientemente Rodgers había ganado la maratón de Houston y el Desafío Pepsi 10k. Shorter había ganado la Bolder Boulder de 1981, una carrera de diez kilómetros por asfalto que él mismo había ayudado a crear en Colorado (y que actualmente es una de las carreras más concurridas de Estados Unidos), y había derrotado a Rodgers en su propia casa en la primera edición de la Classic 10k, celebrada en Middletown, Nueva York. Ambos hablaban con la prensa sobre los Juegos Olímpicos de Los Ángeles de 1984 y ambos tenían previsto hacerse un lugar en el equipo estadounidense.

Sin embargo, su declive ya había empezado. Shorter no figuraba ya entre los diez mejores en ninguna prueba de larga distancia, y Rodgers había caído hasta el séptimo lugar en la maratón. Shorter no había ganado una sola maratón desde las clasificatorias olímpicas de 1976, y después de Houston, Rodgers nunca volvería a ganar otra gran maratón en Estados Unidos. Por lo demás, su vida privada pasaba también por horas bajas y en breve ambos se divorciarían entre rumores de bancarrota y escándalos.

Ellen Lalone había mantenido a Rodgers y pagado sus facturas cuando este no era más que un don nadie que salía a correr por la nieve; había interpretado el papel del poli malo cuando los directores de carrera llamaban a su puerta y se había ocupado de los negocios de Rodgers cuando este estaba de viaje. Pero cuando su matrimonio se derrumbó, Ellen no quiso una libra de carne (que, por lo demás, él necesitaba), sino el cincuenta por ciento de sus bienes. El litigio se alargó varios años. Cuando por fin estamparon sus firmas en el certificado de divorcio, el negocio de ropa deportiva de Rodgers había hecho fallida y todas sus tiendas menos una habían cerrado. (La última cerraría en 2012.)

En cuanto a Shorter, Louise lo había mantenido desde el principio, lo había seguido de un lado a otro del país y había convencido a sus padres de que le pagaran los billetes de avión a Frank cuando este no podía permitírselos. Pero las continuas ausencias de Shorter acabaron generando tensiones, a las que había que sumar dos niños, las lesiones y las disputas con sus socios. Además, las *groupies* se le insinuaban de continuo y la tentación acabó siendo demasiada.

Alberto Salazar, por el contrario, desplegaba la arrogancia propia de la juventud, aumentada por la fe en su propia inmortalidad. Cuando anunció su regreso a Nueva York para probar suerte por segunda vez en la maratón, no tuvo empacho en proclamar que batiría el récord establecido doce años antes por Derek Clayton. Sabía que Rodgers había estado muy cerca de lograrlo, y ahora sabía que él era más rápido que su antiguo compañero de entrenamientos. Su bautismo en esa distancia había sido «fácil», de modo que no había razón para creer que no pudiera rebajar su tiempo anterior en sesenta y ocho segundos.

Rodgers discrepaba. «Al descubrirá que las cosas son distintas cuando se espera algo de ti —dijo en declaraciones a Joe Concannon, del *Boston Globe*—. Lo tenía más fácil el año pasado, siendo un estudiante. Pasarse la temporada corriendo en pista, como cuando eres estudiante, ayuda a tener un buen rendimiento.» Y recordó a los lectores del *Globe* que él también era universitario cuando ganó su primera maratón de Boston.

A Rodgers lo irritaba que los medios se deshicieran en elogios con Salazar mientras que a él lo presentaban como un «mercenario» por el mero hecho de decir que su trabajo merecía retribución. ¿Por qué no iba a poder ganarse la vida con el deporte? «Me esfuerzo mucho más que un golfista —declaró a la revista *Boston*—. En cuanto a calorías, durante una partida de golf probablemente se queman las mismas que durante una partida de canasta.» Y ya no hablemos del béisbol o el fútbol americano: «Me repugna que alguien como [Joe] Namath se presente a los niños de este país como un gran atleta», dijo. Lanzar un balón en línea recta no era nada comparado con los rigores físicos de las carreras de fondo.

Pero su ira iba dirigida sobre todo a Fred Lebow y los comisarios de carrera del país, a los que calificaba de «chupasangres». Lebow había levantado la maratón de Nueva York sobre la espalda de los corredores de élite, pero nunca tenía un centavo para ellos. Lebow despotricaba de los honorarios por participación que exigía Rodgers, pero gracias a las cuotas de inscripción y los patrocinadores se sacaba un buen sueldo. Al mismo tiempo que Lebow regateaba con la administración municipal por el coste del cierre de calles y puentes, el New York Road Runners Club compraba un edificio en la Quinta avenida. Y ahora además quería que Rodgers volviera a Nueva York para enfrentarse a Salazar delante de las cámaras y el país entero, sabiendo muy bien que no estaba en forma y que Salazar lo «pulverizaría». Para Rodgers, todo eso demostraba la falta de respeto de Lebow hacia el corredor en tanto que atleta y el triunfo del carnaval sobre el deporte.

Aun así, tal vez se habría prestado a ello si la retribución hubiera sido la necesaria. Pero Lebow, cicatero como de costumbre, había rechazado las exigencias de Rodgers, que había doblado sus honorarios desde que Lebow le entregara aquellos 2.000 dólares en una bolsa de papel en 1976. El dinero era asimismo la razón por la que Rodgers no quería volver a correr en Falmouth. Debido a presiones políticas, Rich Sherman y John Carroll se negaban a ofrecer premios en metálico o primas por participación a los corredores. A cambio, Rodgers aceptó una invitación para correr la maratón de Estocolmo, donde sí sabían cómo tratar a un atleta.

A Salazar no le importaba correr en Falmouth por amor al arte. No es que no le interesara el dinero, pero disfrutaba de un contrato con Nike y no tenía que costearse un divorcio. Aunque no sentía ningún apego por los comisarios que dirigían el sector —a los que llamaba «jóvenes hombres de negocios apestosos»—, él era el producto de un sistema universitario que no solo lo había entrenado, sino que lo había mantenido proporcionándole becas y planes de salud gratuitos. A diferencia de Yale o la Wesleyana, la Universidad de Oregón era básicamente una cantera de corredores. Por eso, al no estar obligado a buscarse la vida, como Rodgers, ni tener obligaciones profesionales, como Shorter, Salazar podía permitirse elegir dónde competir. Quería correr en Falmouth porque por poco le había costado la vida y porque alguna gente decía que le había cogido miedo a la prueba. No necesitaba más motivación que esa.

Acaso para compensar se pavoneaba pronosticando nuevos récords y diciendo que podía correr en menos de treinta y dos minutos, hazaña nunca vista hasta entonces. No solo eso: llegó a afirmar que intentaría batir el récord de Estados Unidos en los diez kilómetros por asfalto. Como ya se ha dicho, desde su punto de vista esas predicciones no eran signo de arrogancia; tan solo reflejaban un juicio ponderado de sus capacidades a partir de su estado de forma, su experiencia previa y los últimos resultados. Sabía que era rápido —más rápido que nunca— y que, a la vista de su condición física, el récord no podía resistírsele. Otro atleta habría matizado sus declaraciones o se habría dado cuenta del efecto que podían causar y habría recurrido a lugares comunes como «no hay que perderle el respeto a la carrera» o «pienso dar el ciento diez por ciento». Pero ¿para qué molestarse? Aquello no era un concurso de popularidad. Es más, sus declaraciones le reportaban cierta ventaja, ya que solo un loco habría tratado de plantarle cara. Para cuando se colocaba tras la línea de salida, ya había derrotado psicológicamente a la mayoría de sus contrincantes.

Los municipios de Falmouth y Woods Hole vibraban con la presencia de Salazar. Ese verano, eventos de categoría mundial como el nacimiento de MTV, la jubilación de Walter Cronkite y la boda del príncipe Carlos y Lady Di quedaron relegados a un segundo plano por la carrera. En la playa, el supermercado y los cafés no se hablaba más que de si Salazar lograría correr por debajo de los treinta y dos minutos. Personas que no sabían ni lo que era el *jogging* se enzarzaban en discusiones sobre si era preferible salir fuerte o reservarse para el tramo de la playa. Los chiquillos habían dejado de seguir los partidos de los Red Sox para convertirse en expertos en atletismo. Era como si la región entera hubiera decidido tirar a la basura guantes, bates y pelotas y calzarse un par de zapatillas de correr.

Durante un mes, el *Falmouth Enterprise* publicó una serie de artículos acerca del inminente acontecimiento: reportajes sobre la familia que daba alojamiento al campeón nacional de Irlanda o sobre la chica que tenía previsto ver la carrera desde seis puntos estratégicos distintos (y sus planes para esquivar el tráfico). Una semana antes de la prueba, el rotativo empezó a dedicar casi todas sus páginas a la carrera y publicó la lista completa de los cuatro mil doscientos corredores inscritos. Entretanto, los escuadrones de la prensa nacional iban llegando a la zona y los periodistas deportivos de todos los grandes periódicos hablaban con los vecinos. El *Boston Globe*, la ESPN, la WBZ y *Sports Illustrated* incluso alquilaron helicópteros para tener una mejor visión de la carrera.

Los hoteles habían colgado el cartel de completo y algunos vecinos con iniciativa se sacaban un dinero extra alquilando habitaciones. Reservar mesa para cenar era poco menos que imposible, y los puestos para aparcar iban tan buscados como en Manhattan por navidades. Era una locura, una auténtica locura. Tommy Leonard no se podía creer la fiesta que había creado. Iba de bar en bar, saludando a amigos por todas partes y recibiendo felicitaciones como si fuera la madre de la novia. Nunca se había sentido tan feliz.

La noche anterior a la carrera, Salazar fue a cenar al Captain Kidd con Molly y su familia. El restaurante había rebautizado un plato en su honor —el lenguado a la Salazar— y naturalmente estaba obligado a pedirlo, so pena de ofender a sus patrocinadores, Bill y Maggie Crowley. La cena se vio interrumpida media docena de veces por comensales que le pedían autógrafos y hasta por el camarero, que le hizo firmar su dorsal de la carrera. José Salazar estaba encantado con tantas atenciones, pero Alberto no veía el momento de irse a casa. Los cazadores de autógrafos no eran mejores que los periodistas; tanto unos como otros representaban una distracción. Alberto sufría la fama como otros sufren la gota o la sífilis: como una consecuencia de su pasión. Si aguantaba, era por su padre, y porque en realidad no tenía alternativa, pero si hubiera podido, habría cogido el dinero y habría huido corriendo.

Una vez terminadas las obligaciones sociales, Alberto se retiró con Molly a despotricar: su padre era tan controlador y su madre tan pasiva. ¿Por qué habría aceptado ir a Falmouth con ellos? Finalmente, Molly logró que se calmase y durmiera unas cuantas horas sin rechinar los dientes, gruñir o quejarse.

Por la mañana, la lluvia amenazaba con desbaratar los meticulosos planes de la organización. Rich Sherman y John Carroll iban de un lado para otro supervisando el drenaje, el acceso a la playa y el plan de vuelo de los helicópteros. Al final, los elementos se pusieron una vez más del lado de Falmouth y la lluvia cesó justo antes de la hora de la salida. Los corredores estaban empapados pero contentos, y dejaron los impermeables y los gorros en el aparcamiento del Laboratorio de Biología Marina.

Salazar se mostraba indiferente al tiempo; podía correr con calor, con frío, con viento o con lo que le echasen. El único inconveniente era que con el piso mojado sería más difícil batir un récord. Mientras realizaba estiramientos tras la línea de salida, los voluntarios trataban de secar los charcos de Water Street. Intercambió unas palabras con los principales rivales —Rod Dixon, Craig Virgin y el británico Mike McLeod— y saludó a antiguos compañeros del GBTC, como Bob Hodge. Entre los participantes de ese día se encontraban también John Gregorek, de la Universidad de Georgetown, futuro fondista olímpico y con una mejor marca de 3:51 en la milla, y Sosthenes Bitok, de Kenia, otro futuro corredor olímpico que poseía casi todos los récords de media y larga distancia de la Universidad de Richmond.

Pero desde el primer segundo de carrera, no hubo quien le hiciera sombra a Salazar. Se colocó en el primer grupo de cuatro en la primera milla, que cubrió en 4:29, y corrió la segunda en 4:31. Virgin le había ganado tres semanas antes en los 5.000 metros, y sabía que Dixon y McLeod podían dejarlo atrás, así que marcó un ritmo fuerte para desgastarlos. Virgin, cansado por las molestias estomacales de las últimas semanas, fue el primero en descolgarse. Durante el descenso que precedía a la marca de las tres millas, Salazar hizo un cambio de ritmo y se deshizo también de Dixon, pero McLeod aguantó. Salazar trató de escaparse hasta en tres ocasiones durante el tramo de Surf Drive, pero McLeod resistió las tres. Recorridos ochos kilómetros, no obstante, Salazar volvió a acelerar y esta vez McLeod no pudo seguirlo.

Salazar cruzó el puerto y entró en Falmouth Heights ampliando su ventaja a cada zancada. Se le había escapado la marca de los diez kilómetros, pero todavía podía batir el récord de la carrera. El público era muy numeroso, más que en ocasiones anteriores, y, cuando Alberto coronó la colina de delante del Brothers Four, la multitud se puso a gritar su nombre. Dixon había adelantado a McLeod en la pugna por el segundo puesto, pero nadie les prestaba atención; todas las miradas estaban puestas en Salazar.

Ya solo pensaba en el récord. No le hacía falta mirar el reloj; podía adivinar el tiempo por el rugido de la multitud y la voz del comentarista retumbando por la megafonía: «Alberto Salazar... Wayland, Massachusetts... Athletics West y anteriormente miembro del Greater Boston Track Club...».

Cuando cruzó la cinta, el reloj marcaba 31:55,6. Había machacado el récord por veinticuatro segundos, convirtiéndose así en el primer hombre en terminar la carrera de Falmouth en menos de treinta y dos minutos. Alberto Salazar había dejado de ser un advenedizo en la carrera de Frank Shorter y Bill Rodgers. Invicto en la maratón e imparable en los últimos kilómetros, acababa de convertirse en el rey del asfalto. Cuando Tommy Leonard le entregó el trofeo, la multitud se arrodilló ante él. Salazar miró al gentío y sintió satisfacción.

Pocos meses después, hizo un nuevo pronóstico, tan audaz y atrevido como el de Falmouth: estaba decidido a batir el récord del mundo en la maratón de Nueva York. Cuando lo logró —con un tiempo de 2:08:13—, quienes lo habían visto correr en Falmouth no se sorprendieron. Estaba en su cénit, las lesiones lo respetaban y era capaz de cualquier cosa. Si decía que podía correr en 2:06 o en 2:05, nadie lo ponía en duda. Solo tenía veintitrés años y tenía el mundo a su disposición.

Lamentablemente, el tiempo no estaba de su lado.

Alberto Salazar busca a Dick Beardsley en los últimos metros del famoso «duelo al sol» de Boston de 1982.

18

EL FINAL DEL *BOOM* (1982)

Falmouth era como los premios de la Academia: hay que estar ahí para competir por el Oscar o, por lo menos, para desfilar por la alfombra roja.

AMBY BURFOOT

Para algunos el *boom* acabó el 20 de julio de 1984, el día en que Jim Fixx salió a correr seis millas y lo fulminó un infarto a la edad de cincuenta y dos años. Otros opinan que terminó el 12 de abril de 1982, el día en que Salazar luchó a brazo partido con Dick Beardsley por la maratón de Boston, hasta el punto de que, pese al calor, no quiso ni parar a tomar agua y al final de la carrera tuvo que ser trasladado al puesto de atención médica, donde se le inyectaron seis litros de solución salina por vía intravenosa. Otros aseguran que el *boom* no acabó nunca, o que vivimos un segundo *boom*, o que un *boom* presupone una decadencia, y que como nunca se produjo la segunda no pudo haber existido el primero.

El *boom* terminó en realidad el 15 de agosto de 1982. Esa fue la fecha en que Alberto Salazar volvió a batir el récord de Falmouth con un tiempo de 31:53,3, derrotando a Craig Virgin y Rod Dixon frente a las cámaras de la televisión nacional, con Frank Shorter como comentarista. La muerte de Fixx fue trágica, pero no completamente inexplicable. Antes de aficionarse al atletismo, había sido un fumador empedernido y había llegado a pesar cien kilos, y su padre también había fallecido de infarto, a la edad de cuarenta y tres años. Aunque Fixx era uno de los gurús del *boom* y —para muchos— su muerte marcó su final, en verdad lo más probable es que el deporte le regalara diez años de vida.

En cuanto al «duelo al sol» —la batalla entre Salazar y Beardsley en Boston—, no era la primera vez que Alberto corría hasta desplomarse ni que necesitaba atención médica después de una prueba. A los pocos meses ya se había recuperado y batió los récords de Estados Unidos en 5.000 y 10.000 metros. Poco más tarde, repitió victoria en Falmouth y volvió a batir el récord de la carrera. Puede que la maratón lo hubiera dejado tocado, pero no le había restado velocidad.

Después del 15 de agosto de 1982, Salazar empezó a apagarse. Ganó la maratón de Nueva York, pero con un tiempo de más de un minuto por encima del del año anterior. Pocos meses después, registró su peor tiempo en tres años en una carrera de 10.000 metros en Eugene. En los campeonatos del mundo de atletismo, a duras penas se clasificó para la final de 10.000 y terminó en las últimas posiciones. En los *trials* quedó segundo por detrás de Pete Pfitzinger, y decimoquinto en los Juegos Olímpicos de 1984 en Los Ángeles. En pocas palabras: estaba acabado.

El declive de Salazar, no obstante, fue algo más que una tragedia personal: significaba el declive de los fondistas masculinos estadounidenses en el escenario internacional. (Las mujeres desaparecieron al mismo ritmo, pero su declive empezó unos años más tarde, acaso porque su ingreso en el *boom* se había producido también con unos años de retraso.) El récord de Salazar en Falmouth se mantuvo vigente durante diez años, hasta que lo batió un keniano, Benson Masya. La de Masya fue la segunda victoria de un africano en Falmouth. Desde 1991, la nacionalidad de los ganadores ha sido la siguiente: Kenia, Kenia, Kenia, Kenia, Kenia, Kenia, Marruecos, Marruecos, Kenia, Kenia, Kenia, Kenia, Kenia, Kenia, Kenia, Kenia, Kenia, Etiopía, Etiopía, Etiopía, Kenia, Kenia.

De hecho, desde las victorias de Salazar en 1982, solo un estadounidense ha ganado en Falmouth (Bruce Bickford, en 1985), y ningún nativo estadounidense ha ganado las maratones de Nueva York, Boston, Chicago, Los Ángeles ni ninguna otra gran carrera de larga distancia. (Meb Keflezighi, que emigró de Eritrea a Estados

Unidos a la edad de trece años, ganó la de Nueva York en 2010.) Ningún varón nacido en Estados Unidos ha quedado primero tampoco en ninguna otra prueba ni ha obtenido un oro olímpico. Solo uno, Ryan Hall, ha superado la marca de Salazar de 2:08:13 en la maratón, y ninguno ha logrado igualar su récord en Falmouth.

Sin embargo, aquel día de agosto de 1982 en Falmouth, Alberto Salazar corrió más rápido que nunca. Las enfermedades y las lesiones que habrían de aquejarlo en el futuro aún no eran más que molestias, riesgos del oficio apenas perceptibles. Había pocos como él, y se sentía imbatible. Poseía el récord del mundo en la maratón y aspiraba a conseguir también el de los 10.000 metros. «Ahora mismo estoy entre los tres o cuatro mejores [del mundo] —declaró a Associated Press—, pero los que están por encima tienen más de treinta años y ya no pueden seguir mejorando, pero yo sí.»

Dejó que Keith Brantly, estudiante de tercer año de la Universidad de Florida y futuro corredor olímpico, marcara el paso durante los primeros cuatro kilómetros. Salazar se reservó, esperando el momento propicio y palpándose el estómago, que le había dado molestias la noche anterior. Al llegar a Oyster Pond Road, se colocó junto al hombro de Brantly y lo superó. Como quien no quiere la cosa, se había colocado en cabeza. Recorrió cincuenta metros. Luego cien. Nadie lo seguía. Nadie se atrevía. «Ahí va Alberto —dijo Frank Shorter—. La carrera ya es suya.»

El sol caía sobre la playa, y el viento soplaba a su espalda. La carrera se abría ante él. Primero un pie, luego el otro. El más sencillo de los movimientos y, a la vez, el más complejo: equilibrio, agilidad, anticipación. Brazos en sincronía con la respiración. Piernas en armonía con el asfalto. Cabeza erguida y mirada al frente.

Y seguir corriendo.

De izquierda a derecha: Mike Roche, Craig Virgin, Bill Rodgers y Alberto Salazar se disputan el liderazgo en Surf Drive durante la carrera de Falmouth de 1978.
Cortesía de Bill Rodgers

EPÍLOGO

Han pasado treinta años desde que Frank Shorter, Bill Rodgers y Alberto Salazar fueran los amos del asfalto. Hoy en día, el número de corredores es mayor que nunca. Según las últimas estadísticas, solo en Estados Unidos hay cuarenta millones de corredores. Sin embargo, lejos de engendrar una nueva generación de campeones, como tal vez habría ocurrido con otro deporte, este sensacional aumento ha ralentizado el paso medio de la mayoría de carreras. El tiempo medio en la maratón, por ejemplo, ha pasado de 3:32:17 en 1980 a 4:16:34 en 2011. El fenómeno ha coincidido también con una menor competitividad de los corredores estadounidenses.

Esto se explica en parte por el incremento del número de mujeres, que suelen correr menos que los hombres. Pero solo en parte. El rendimiento de la élite ha experimentado un descenso. Pensemos que, en 1978, más de dos mil corredores rompieron la barrera mágica de las tres horas en la maratón de Boston. En 2012, con un número de participantes seis veces mayor, solo unos mil quinientos bajaron de las tres horas. En la carrera de Falmouth de 1982, un tiempo de treinta y seis minutos equivalía a quedar en el puesto ochenta y nueve. En 2012, sin embargo, un corredor con el mismo tiempo podía quedar en el puesto treinta y dos. Al mismo tiempo, menos de una tercera parte de los hombres que superaron las clasificatorias olímpicas para la maratón en 2012 se habrían clasificado en 1984. En los Juegos Olímpicos de 2000, solo un estadounidense superó la criba para los juegos, y quedó en el puesto sesenta y nueve. Lo mismo vale para prácticamente todas las demás pruebas de fondo. Con unas pocas excepciones, los corredores estadounidenses son incapaces de igualar las marcas de sus predecesores y tienen pocas posibilidades en el circuito internacional.

¿Cómo se explica esta caída desde las alturas y cuál es su importancia? A grandes rasgos, el atletismo ha dejado de ser un deporte en el que lo importante es correr rápido para convertirse en una actividad saludable o que sirve propósitos sociales. En parte, puede culparse de ello a los abanderados del primer *boom*, aquellos hombres cuyo entusiasmo por el deporte hizo salir a la calle a millones de personas. Con la popularización del atletismo, bajó el nivel, porque lo importante, más que ganar, era participar. Sin quererlo, al decir que Falmouth era «una fiesta callejera», Tommy Leonard estaba poniendo la cerveza por delante de la carrera. Cuando Fred Lebow trasladó la maratón de Nueva York a las calles de los cinco distritos, privilegió al corredor de domingo sobre el atleta concienciado. Los corredores de élite atrajeron a las masas a la carretera, pero después la masa se olvidó de ellos. Hoy en día es habitual que quienes participan en una gran carrera no sepan —ni les importe— quién ha ganado. Lo que cuenta es la lucha personal contra la adversidad y el superarse a uno mismo. Ya no hay héroes; solo bolsitas de recuerdo y botellines de agua de sabores exóticos.

Este cambio tiene su correlato en los medios, que anteriormente trataban el atletismo de fondo como un deporte y ahora lo abordan como el reflejo de un estilo de vida. Incluso las publicaciones especializadas han dejado de informar sobre las carreras y se dedican a publicar consejos para hacer dieta o lograr una buena condición física. Se acabaron los días en que Joe Henderson, Derek Clayton, Kenny Moore y Amby Burfoot —todos ellos corredores de competición— escribían sobre quién había ganado, quién había perdido y cómo correr más rápido. Ahora leemos artículos sobre cómo lucir abdominales o cuál es el mejor destino exótico para correr en vacaciones. Los editores sin duda conocen a su público, pero el público también recibe la influencia de los editores.

Al mismo tiempo, no es casual que determinados movimientos populares contrarios a la velocidad se hayan ganado las simpatías de la población. Correr descalzo, por ejemplo, puede resultar beneficioso para la caza entre las tribus indígenas de Centroamérica, pero nunca ha servido para que nadie corra más rápido. (Incluso Abebe Bikila acabó comprándose un par de zapatillas.) Entretanto, los «pingüinos» —aquellos corredores que van tan lento que se balancean mientras caminan— celebran llegar a la línea de meta como si fuera una victoria. Por último están los gurús *new age* que, como Jeff Galloway —que habiendo sido corredor de élite podría ahorrarse ciertos consejos—, explican que para aumentar su velocidad los corredores deben ponerse a caminar a mitad de carrera. El entusiasmo de esos corredores resulta admirable, pero con eso solo no se ganan medallas.

Correr puede llegar a ser brutal y perjudicial para la espalda, las rodillas, las caderas y los pies. Hoy en día, Bill Rodgers y Frank Shorter caminan como si tuvieran veinte años más, y Alberto Salazar sufrió en 2008 un infarto que él mismo considera resultado de su época como corredor. La lucha de todos ellos contra las lesiones y las enfermedades ha hecho que el atletismo de fondo pierda atractivo, y la muerte de Jim Fixx acabó con el mito de que correr conduce a la inmortalidad. El resultado es que cada vez son menos los atletas jóvenes que se sienten atraídos por este deporte, sobre todo cuando las alternativas son tantas. Y no hablemos ya de los videojuegos.

El dinero también ha desempeñado un papel importante en el declive de los grandes corredores estadounidenses. Al principio, la ausencia de beneficios —y la lucha contra el reglamento de aficionados— hizo que algunos atletas de gran talento dieran el salto a otros deportes. Luego, cuando empezó a correr el dinero, los atletas quedaron en manos de los agentes y los representantes, que no querían saber nada de los clubs como el FTC y el GBTC. Al poco tiempo, aquella vibrante cultura en que los atletas se entrenaban, bebían y corrían juntos decayó y murió. Actualmente son muchos los clubs de atletismo con dificultades para atraer a atletas serios, mientras que los corredores de élite se entrenan por su cuenta, sin más ayuda que un cronómetro y un preparador.

Con todo, hay lugar para la esperanza. Por primera vez en cuarenta y ocho años, dos fondistas estadounidenses han ganado medallas en los Juegos Olímpicos de Londres de 2012. Galen Rupp obtuvo la plata en los 10.000 metros, y Leo Manzano en los 1.500. Rupp entrena en el Proyecto Oregón de Nike, a las órdenes de Alberto Salazar, lo mismo que el británico Mo Farah, ganador de los 5.000 y los 10.000 metros en Londres. El Proyecto Oregón se fundó en parte con el fin de preservar el espíritu de los clubs en los que crecieron Shorter, Rodgers y Salazar, pero también para crear un entorno tecnológicamente puntero en el que pueda formarse la próxima generación de estrellas.

Hoy en día, hombres como Rupp, Manzano y Ryan Hall (también a las órdenes de Salazar), y mujeres como Shalane Flanagan y Kara Goucher, compiten a escala internacional con los mejores del mundo. Pero todavía queda mucho trabajo por hacer. El primer paso es impulsar más iniciativas como el Proyecto Oregón para dar cabida a más corredores, y crear más carreras para que estos puedan desplegar su talento. A los legos, correr puede parecerles una actividad solitaria, pero en realidad es gracias a los compañeros de equipo que un corredor gana calidad, fuerza y velocidad. También hay un componente de suerte: que los hombres (o las mujeres) adecuados compitan entre sí en el momento adecuado para convertirse en el nuevo rey (o reina) del asfalto puede deberse a un hecho fortuito.

A fin de cuentas, lo importante cuando se corre no es la fama ni la fortuna. Ni siquiera ganar. Lo importante es llevar el cuerpo hasta el límite, poner a prueba la propia resistencia, encontrar las ganas de ganar cuando las negras fauces de la derrota se clavan en nosotros. Lo importante es mirarle a la cara a la muerte y ahuyentarla, lanzarla de un puntapié al otro lado de la calzada y decirle: «No, hoy no. Tengo que disputar una carrera».

AGRADECIMIENTOS

No podría haber escrito este libro sin el aliento inicial de Bruce Tracy y el delicado acicate de Laura Ford. Ambos comprendieron lo importante que es correr para mí y me animaron a explorar. También estoy en deuda con Bruce Nichols, de la editorial Houghton Mifflin Harcourt, que me salvó cuando creía que el libro estaba muerto, y con mi editora, Susan Canavan, que me ayudó a resucitarlo. Gracias también a Ashley Gilliam, de Houghton Mifflin Harcourt, y a la redactora Barbara Jatkola. Por último, nada de lo que escribo va a ningún lado sin pasar por el ojo crítico de mi agente, Lisa Bankoff, que durante dieciocho (!) años ha sabido darme las malas noticias con delicadeza y las buenas con entusiasmo.

Estoy muy agradecido por el tiempo y los recuerdos que tan generosamente han compartido conmigo John y Lucia Carroll, Tommy Leonard, y Rich y Kathy Sherman. John Brandt, Arthur Crago, Ellen Cushman, Jim Gerweck, Jim Hansen, Jason Kehoe, Alex Shorter y Louise Shorter también me han sido de gran ayuda. Amanda Wastrom y Charlie Rodgers me facilitaron algunas fotografías maravillosas, y Bob Hodge y Jack Bacheler me proporcionaron datos históricos cruciales. Mis ayudantes de investigación, Caitlin Parker, Cara Giaimo y Sean Doocy, me han enseñado mucho, y tanto Caitlin como Cara realizaron varias entrevistas y peinaron las estanterías de las bibliotecas en busca de información de gran valor.

Naturalmente, este libro no existiría de no ser por todos los corredores que compartieron sus historias conmigo. Gracias a Nancy Robinson Alferes, Jack Bacheler, Amby Burfoot, Rudy Chapa, Bill Dellinger, Rod Dixon, Johanna Forman, Joe Henderson, Bob Hodge, Jack McDonald, John Parker, Kirk Pfrangle, Tammy Hennemuth Race, Mike Roche, Joan Benoit Samuelson, Bill Squires, Craig Virgin y Grete Waitz. Bill Rodgers, Alberto Salazar y Frank Shorter tuvieron la amabilidad de aguantar impertérritos todas mis preguntas y mis continuos correos electrónicos. Y lo que es más importante, fueron —y son— una fuente de inspiración, y por ello les estoy profundamente agradecido.

Por último, tengo la inmensa suerte de tener a una esposa extraordinaria y dos hijos fabulosos, algo de lo que fui más consciente que nunca después de una carrera que a punto estuvo de ser la última. Gracias por formar parte de mi vida.

PEDALEANDO EN LA OSCURIDAD
David Millar
424 págs.
15 x 22 cms.
Rústica con solapas
ISBN: 978-84-939850-5-9

5a edición

«Una obra maestra de la literatura deportiva.»
The Telegraph

Cuando en 2004 el ciclista escocés David Millar fue detenido y expulsado de la competición internacional por haber utilizado sustancias ilegales para incrementar su rendimiento, su vida de ensueño se vino abajo. Millar lo perdió todo: un contrato millonario con uno de los principales equipos del pelotón, su estilo de vida en la opulenta ciudad de Biarritz, el apoyo de sus colegas más cercanos e incluso la medalla de oro que había conquistado pocos meses antes en el Mundial.

Este es el relato en primera persona de un joven idealista que llegó a la alta competición y, muy pronto, sometido a una gran presión por su entorno, empezó a doparse con EPO, la droga ilegal más extendida en el mundo del ciclismo. Millar, actualmente en activo y reconvertido en un militante contra el dopaje y sus devastadoras consecuencias, construye un fascinante y trepidante retrato del ciclismo profesional y de las presiones, miserias y bajezas que subyacen bajo su superficie.

Entre el *thriller* y el relato confesional más desgarrado y emotivo, *Pedaleando en la oscuridad* ilumina las zonas oscuras del ciclismo y, por extensión, del deporte de élite en general.

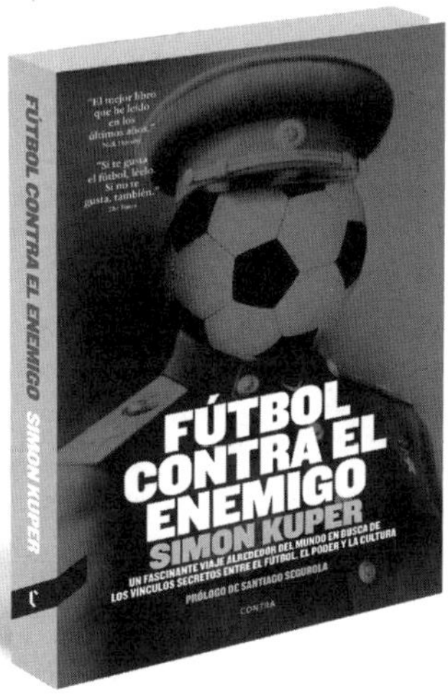

FÚTBOL CONTRA EL ENEMIGO
Simon Kuper
368 págs.
14 x 21 cms.
Rústica con solapas
ISBN: 978-84-939850-3-5

2a edición

«Si te gusta el fútbol, léelo. Si no te gusta, también.»
The Times

El fútbol no es solo el deporte más popular del mundo. Como dijo Bill Shankly, el mítico entrenador del Liverpool: «el fútbol no es una cuestión de vida o muerte; es mucho más importante que eso». Y no le faltaba razón: durante años ha fraguado guerras, ha alimentado revoluciones e incluso ha contribuido a mantener a dictadores en el poder. Por algo se le conoce como «el deporte rey».

Simon Kuper viajó a veintidós países, de Argentina a Camerún, de Ucrania a Botsuana, de Brasil a Sudáfrica, de Alemania a España, para investigar la poderosa influencia que el fútbol ejerce en la política, en la cultura y en la sociedad. El resultado, a medio camino entre un libro de viajes y un ensayo sociopolítico, es un fascinante y divertido relato de las complejas tramas ocultas de ambición y poder, de pasiones individuales y nacionales, de la historia y, cómo no, de la belleza del deporte más popular del mundo.

Elegido el mejor libro sobre fútbol por la revista *Four Four Two*

Ganador del William Hill Sports Book Award